Das große Buch von den kleinen Rittern

Die in diesem Buch enthaltenen Lieder von Martin Göth und einige der Geschichten, gelesen von Rolf Krenzer, gibt es auch auf der Tonkassette *Lieder und Geschichten von den kleinen Rittern*, erschienen im Ellermann Verlag, Hamburg. Titel-Nr. 3-7707-4203-6 Spieldauer ca. 60 Min.

In gleicher Ausstattung wie *Das große Buch von den kleinen Rittern* gibt es von Rolf Krenzer *Das große Buch von den kleinen Indianern* und *Das große Buch von den kleinen Wikingern*, illustriert von Mathias Weber, erschienen im Ellermann Verlag, Hamburg und die dazugehörigen MC´s.

© Verlag Heinrich Ellermann, Hamburg 1998
Alle Rechte vorbehalten
Titelbild und Illustrationen: Mathias Weber
Druck und Bindung: J.P. Himmer, Augsburg
Printed in Germany 1999*

ISBN 3-7707-3073-9

Rolf Krenzer

Das große Buch von den kleinen Rittern

Mit Bildern von Mathias Weber
und Liedern von Martin Göth

Ellermann Verlag

Inhaltsverzeichnis

Zwei Freunde

Verstecken und Suchen

Dietrich lehnte an der Linde im Burghof und schnitzte mit einem Messer an dem Stock herum, den er heute Morgen von dem Haselnussbaum neben dem Burggarten abgeschnitten hatte. Aber das Verzieren, das ihm sonst so leicht fiel, wollte ihm heute einfach nicht so recht gelingen.

Richard, sein bester Freund, hatte sich mit dem Rücken gegen die Mauer gesetzt und sah einem Marienkäfer zu, der an seinem Arm hoch krabbelte.

»Wir könnten Verstecken spielen«, sagte er plötzlich zu Dietrich hinüber.

»Wir zwei?«, fragte Dietrich zögernd und steckte den Zeigefinger in den Mund. Da hatte er sich doch wieder mit dem kleinen scharfen Messer geritzt!

Richard deutete zu den drei Jungen und den beiden Mädchen hinüber, die vor dem Küchengebäude im Kreis saßen und sich einen Ball zurollten.

»Wollt ihr mitspielen?«, rief Dietrich ihnen zu.

Otto, Ulrich und Hagen standen sogleich auf und kamen mit dem Ball herbeigelaufen.

Wenn die beiden Großen sie zum Spielen einluden, mussten sie unbedingt mitmachen. Wann gaben sie sich sonst schon mit ihnen ab?

»Verstecken?«, fragte Dietrich.

Die Kleineren nickten.

»Aber du musst suchen«, meinte Otto.

»Gut!« Dietrich nickte.

Da kamen auch Elisabeth und Rotraut, die beiden größeren Mädchen, hinzu.

»Dreh dich um!«, ordnete Elisabeth gleich an. Sie hatte nicht den geringsten Respekt vor dem älteren Jungen. »Und nicht heimlich gucken, wohin wir laufen!«

Da drückte Dietrich seine Arme verschränkt an die Linde und legte den Kopf darauf. Er wartete mit geschlossenen Augen so lange, bis von irgendwo eine Stimme rief, dass er nun mit dem Suchen anfangen sollte.

Er öffnete die Augen, blickte sich um und blieb zunächst unschlüssig stehen. Dann entdeckte er den Kopf mit den roten Haaren hinter der Treppe, die zum Haupthaus führte.

»Komm heraus, Rotraut!«

»Du bist gemein!« Das Mädchen ärgerte sich, weil er es als Erste gefunden hatte.

Es kam aber doch bereitwillig herbei und setzte sich in den Schatten der Linde. Dietrich suchte weiter.

Nach und nach hatte er alle anderen gefunden.
Zum Schluss fehlte nur noch Richard.

Richard ist verschwunden

Zusammen mit den Jüngeren suchte Dietrich alle bekannten Verstecke ab. Richard blieb verschwunden.

»Richard!«, riefen nun alle. »Richard, komm heraus!«

Sie warteten, schauten sich nach allen Seiten um und schließlich brüllte Dietrich, so dass man es überall auf der Burg hören musste: »Richard, komm endlich! Das Spiel ist aus!«

»Ruhe, verdammt noch mal!«, schrie jemand von oben. »Müsst ihr denn immer solchen Lärm machen?«

Die Kinder rückten unter der Linde so eng aneinander, dass man sie von oben aus der Burg heraus und vom Wehrgang her kaum sehen konnte.

Sie warteten weiter.

»Warum kommt er nicht?« Otto stieß Dietrich an und Dietrich spürte die leise Angst in seiner Stimme.

»Er kommt schon noch!«, antwortete er schroff und hoffte, dass Richard jetzt irgendwo auftauchen würde.

»Elisabeth!« Das war die Stimme von Elisabeths Mutter.

»Wir müssen jetzt alle gehen!«, sagten die beiden Mädchen und sahen Dietrich an.

»Geht nur! Ich suche ihn allein. Macht euch keine Sorgen. Ich finde ihn ganz bestimmt! Wo soll er denn auch sein?«

»Vielleicht hat er sich versteckt und will dir einen Streich spielen?«

»Ja, vielleicht!«, antwortete Dietrich. »Aber ich finde ihn!«

Dann ging er mit schnellen Schritten zum Bergfried. Er wollte zuerst auf der Treppe suchen, dann oben und auf den Wehrgängen, die rund um die Burg führten.

Als er ohne Richard zurückkam, war der Burghof leer. Da ging er zur kleinen Burgkapelle, die nie verschlossen war. Eigentlich war es verboten, sich hier zu verstecken. Durch die bunten Glasfenster drang die Nachmittagssonne herein und tauchte den Altar mit dem Kreuz darauf in helles Licht. Sonst war es immer recht dunkel hier. Doch Richard hatte sich auch nicht in der Kapelle versteckt.

Endlich gefunden

Da stieg Dietrich schließlich die steile Treppe hinunter, die zu den Kellern unter der Burg im Berg führte. Hier musste irgendwo auch der Kerker sein, in dem manchmal Feinde eingesperrt worden waren. Dietrich war bisher noch nie hier gewesen. Sicher war es ihm auch nicht erlaubt, allein hier herumzulaufen.

»Richard!«, rief er leise und tappte weiter Schritt für Schritt in die Dunkelheit. Je tiefer er herunterstieg, desto stärker spürte er die feuchte Kühle, die ihm entgegen schlug. Hier hatte sich Richard bestimmt nicht versteckt.

Er wollte umkehren, blieb aber noch für einen Augenblick stehen und lauschte in die Dunkelheit.

Da hörte er von ganz fern Richard rufen.

»Dietrich! Bist du da?«

»Richard! Wo bist du?«

»Hier!« Richards Stimme klang unglücklich. »Es ist so dunkel! Ich finde die Treppe nicht mehr!«

»Wo bist du?«, rief Dietrich. »Richard, wo bist du?«

»Hier in diesem Gang!«, bekam er zur Antwort.

Jetzt hörte Dietrich Schritte. Zunächst noch entfernt, dann immer näher. Plötzlich hielten sie wieder an.

»Dietrich, wo bist du?«

»Hier, Richard!«

Es war hier unten so dunkel, dass Dietrich froh war, dass er mit einer Hand das Geländer fest im Griff hatte, das an der Wand neben der Treppe angebracht war. Das Geländer führte ebenso wie die Treppe nach oben zum Licht im Burghof. Es vermittelte Sicherheit.

»Ich bin hier!«, rief Dietrich noch einmal. »Hier! Hierher!«

Da kamen die Schritte näher.

»Jetzt habe ich die Treppe!« Das war Richards Stimme unter ihm.

Und nun stieg er langsam höher.

Als sie dann endlich nebeneinander standen, legte Richard die Hand auf den Arm des Freundes. Gemeinsam stiegen sie weiter nach oben.

»Wir haben dich überall gesucht!«, sagte Dietrich endlich, als sie oben waren. Mehr nicht. Er sagte kein Wort davon, welche Sorgen er sich gemacht hatte.

»Gut, dass du mich gefunden hast!« Richard blickte seinem Freund in die Augen. »Ich hatte solche Angst, dass du nicht kommen würdest!«

Jetzt war es heraus, obwohl er sonst nie zugegeben hätte, dass er irgendwo Angst hatte.

»Ich hätte dich so lange gesucht, bis ich bei dir gewesen wäre!«

Dietrich legte den Arm um seine Schultern. Das hatte er noch nie getan.

Wenn wir auf dem Bergfried stehn

Wenn wir auf dem Bergfried stehn,
gibt es immer was zu sehn.
Wiesen, Weiden, Äcker, Felder
und dahinter grüne Wälder.
Und am Himmel, seht genau,
ziehen Vögel hoch im Blau.

Wenn wir auf dem Bergfried stehn,
gibt es immer was zu sehn.
Braune Kühe auf der Weide,
auf den Feldern das Getreide.
Mit den Wagen und den Karren
wird die Ernte eingefahren.

Wenn wir auf dem Bergfried stehn,
gibt es immer was zu sehn.
Schau die ganze Welt mir dann
immer gern von oben an.
Schau ich ganz tief unter mich,
sehe ich auf einmal dich!

Willst du mit zum Bergfried gehn?
Glaub mir: Da gibt's viel zu sehn!

Was braucht ein Rittersmann?

Text: Rolf Krenzer/Musik: Martin Göth

1. Was braucht ein Rit - ters - mann? Ein Pferd und mehr, ein Pferd und mehr! Es trägt ihn aus der Burg he - raus und bringt ihn heil zu - rück nach Haus. Das braucht ein Rit - ters - mann! Das braucht ein Rit - ters - mann. Ein Pferd und mehr, ein Pferd und mehr! Das braucht ein Rit - ters - mann! Das braucht ein Rit - ters - mann!

2. Was braucht ein Rittersmann?
Den Helm, seht her, den Helm, seht her!
Ein Helm mit einem Federstrauß,
der putzt den Ritter erst heraus.
Das braucht ein Rittersmann!
Das braucht ein Rittersmann.
Ein Pferd und mehr, den Helm, seht her!
Das braucht ein Rittersmann ...

3. Was braucht ein Rittersmann?
Die Rüstung schwer, die Rüstung schwer,
so schwer, dass kaum ein Rittersmann
in seiner Rüstung laufen kann.
Das braucht ein Rittersmann ...
Ein Pferd und mehr, den Helm, seht her,
die Rüstung schwer!
Das braucht ein Rittersmann ...

4. Was braucht ein Rittersmann?
Das Schwert zur Wehr, das Schwert zur Wehr!
Ein Schwert, damit ihr alle wisst,
wie stark und kühn der Ritter ist.
Das braucht ein Rittersmann!
Das braucht ein Rittersmann.
Ein Pferd und mehr,
den Helm, seht her,
die Rüstung schwer,
das Schwert zur Wehr!
Das braucht ein Rittersmann ...

5. Was braucht ein Rittersmann?
Den Schild braucht er, den Schild braucht er!
Ein Schild, der in der Sonne blitzt,
und jederzeit den Ritter schützt.
Das braucht ein Rittersmann!
Das braucht ein Rittersmann.
Ein Pferd und mehr,
den Helm, seht her,
die Rüstung schwer,
das Schwert zur Wehr,
den Schild braucht er.
Das braucht ein Rittersmann ...

6. Was braucht ein Rittersmann?
Die Lanze her! Die Lanze her!
Er braucht die Lanze, dass er dann
bald zum Turnier losreiten kann.
Das braucht ein Rittersmann!
Das braucht ein Rittersmann.
Ein Pferd und mehr,
den Helm, seht her,
die Rüstung schwer,
das Schwert zur Wehr,
den Schild braucht er, die Lanze her!
Das braucht ein Rittersmann ...

7. Was braucht ein Rittersmann?
Die Rittersbraut, die ihm vertraut!
Und nimmt er Abschied, sagt er ihr:
»Bald bin ich wieder hier bei dir!«
Das braucht ein Rittersmann!
Das braucht ein Rittersmann.
Ein Pferd und mehr,
den Helm, seht her,
die Rüstung schwer,
das Schwert zur Wehr,
den Schild braucht er,
die Lanze her,
die Rittersbraut!
Das braucht ein Rittersmann ...

Was kleine Ritter anziehen und brauchen

Der Schild

Wir schneiden aus fester Pappe einen Schild aus und befestigen an seiner Innenseite eine Schlaufe als Haltegriff. Diese Schlaufe aus Stoff- oder Pappestreifen kleben wir mit Paketklebeband fest. Wir können den Schild bunt bekleben oder bemalen, aber auch mit unserem Wappen verzieren.

Der Helm

Wir brauchen unbedruckte Papiertragetaschen aus festerem Packpapier. (Auf keinen Fall Plastiktüten!) Wir schneiden die Tragegriffe ab. Dann schneiden wir auf der Gesichtsseite schmale Querschlitze für die Augen aus. Die Tragetasche wird über den Kopf gezogen. Der Helm soll das Gesicht des Ritters schützen. Ein dünner Querschlitz in der Höhe des Mundes (oder mehrere Löcher nebeneinander) erleichtert das Atmen unter dem Ritterhelm.

Die Rüstung

Zwei rechteckige, feste Pappstücke werden zu Brust- und Rückenpanzer. Dazu werden sie mit Bändern über der Schulter und unter dem Arm seitlich in Taillenhöhe miteinander verbunden. Das Vorderteil erkennt man am Halsausschnitt, der Rückenpanzer kann gerade und rechteckig bleiben.

Das Wappen

Jeder Ritter hat sein eigenes Wappen, an dem man ihn erkennt. Wir schneiden die Form eines Wappens aus Pappe aus und malen oder kleben Buntpapier darauf als unser Zeichen. Zum Beispiel einen Burgturm, ein Kreuz, einen Löwen, eine Sonne. Noch einfacher sind schräge Balken in verschiedenen Farben.

Schwert und Lanze

Wir brauchen eine schmale Holzleiste oder einen Stock. Um die Ritterhand zu schützen, stecken wir auf das eine Ende einen Bierdeckel oder eine ausgeschnittene runde Pappscheibe. Wer einen Ledergürtel trägt, kann das Schwert auch dort einstecken. Dann hat er beide Hände frei.

Aus einem längeren Stock können wir uns eine Lanze bauen. Sie braucht wie das Schwert einen Handschutz.

Bogen und Pfeile

Wir brauchen einen frischen Ast mit wenig Knospenansätzen von der Weide oder vom Haselnussstrauch, so lang wie wir selber groß sind. An einem Ende schnitzen wir mit dem Messer rundum eine Kerbe und knoten eine Schnur an. Die Schnur soll 15 cm kürzer als der Ast sein. Danach schnitzen wir eine zweite Kerbe am anderen Ende. Wenn wir jetzt die Schnur dort befestigen wollen, müssen wir den Stab zu einem Bogen biegen. Nun ist der Bogen gespannt. Als Pfeile müssen gerade, glatte Stecken mit einer Spitze verwendet werden. Am einen Ende jedes Pfeils bringen wir mit dem Messer eine Kerbe an, ans andere Ende setzen wir zur Sicherheit einen Sekt- oder Weinkorken, um niemanden zu verletzen. Nun können wir einen Pfeil nach dem anderen anlegen. Aber Vorsicht: Nicht auf Menschen und Tiere schießen!

Das Pferd

Steckenpferde kann man kaufen. Wenn Erwachsene helfen, kann man aber auch einen Pferdekopf aus Holz, Styropor, Pappe oder einem ausgestopften Socken anfertigen und diesen an einem dickeren Stock befestigen, den man zwischen die Beine nehmen kann.

Man kann sich auch einen Schrubber oder Besen mit einem nicht zu langen Stiel zwischen die Beine klemmen. Das Besen- oder Schrubberteil wird dann zum Pferdekopf. Wenn wir dieses Teil mit einem schwarzen, braunen oder weißen Lappen umwickeln, wird es zum Rappen, Fuchs oder gar zum Schimmel.

Die Kleidung der Burgfrau

Die Burgfrau trägt einen langes weites Kleid, das in der Taille mit einem Gürtel gehalten wird.

Auf dem Kopf trägt sie eine Haube. Sie sieht aus wie eine Schultüte mit langen bunten Bändern oder Tüchern an der Spitze. Wer mag, kann statt der Haube auch ein Blumenkränzchen im Haar tragen.

15

Lieber Besuch

Der große Bruder ist wieder da

Besuch hatte sich angesagt. Ritter Johann von Dillenberg war mit seinen Leuten auf dem Weg zum Hof des Königs. Weil Burg Wetterstein auf dem Weg lag, wollte er ein paar Tage bei seinen Freunden, den Rittern Heinrich und Edmund bleiben. Boten hatten den Ritter bereits angekündigt.

Als die Gäste durch das Burgtor ritten, stürmte Richard auf den jungen Knappen zu, der Johann dicht folgte. Der Knappe hielt sogleich an. Und als sein Ritter ihm zunickte, sprang er vom Pferd herunter und fing den Jungen in seinen Armen auf.

Gunther, der große Bruder, war zurückgekommen, wenn auch nur für ein paar Tage zu Besuch. Jetzt liefen auch seine Eltern herbei, um ihn zu begrüßen. Die Mutter nahm ihn in die Arme und weinte vor Freude. Und der Vater versuchte so gut es ging, seine Rührung zu verbergen. In einem Krieg, den er an der Seite Herzog Albrechts geführt hatte, hatte Ritter Edmund einst seine Burg, seine Leibeigenen und all seine Ländereien verloren. So war Ritter Edmund arm geworden. Damals hatte er sich in Heinrichs Dienste gestellt und war zu einem Ritter Heinrichs geworden. Wie andere Ritter ohne Land lebte er seitdem mit seiner Familie auf Burg Wetterstein. Sie waren gute Freunde geworden, Heinrich und Edmund. Ebenso gute Freunde wie ihre beiden Söhne, Dietrich und Richard.

Gunther, Edmunds Ältester, hatte vor einigen Jahren Wetterstein verlassen. Jetzt war er so gewachsen, dass Richard ihn fast nicht wiedererkannt hätte.

»Ich beurlaube dich aus meinem Dienst, solange wir hier auf Wetterstein sind!«, sagte Ritter Johann.

In diesen Tagen rückten Richard und Dietrich Gunther nicht von der Seite. Sie wollten so viel wissen und Gunther berichtete gern. Er lebte mit dem Ritter auf der Dillenburg und zog immer mit ihm, wenn er einmal die Burg verließ. Als sein Knappe musste sich Gunther um alles kümmern, was Ritter Johann anging. Er musste seine Pferde versorgen und dem Ritter selbst die Rüstung anlegen, wenn er zum Turnier ritt. Und während des Turniers musste er stets zur Stelle sein.

Auch er selbst hatte bereits seine ersten Turniere hinter sich, Kämpfe mit anderen Knappen. Bald würde Gunther zum Ritter geschlagen werden. Voll Begeisterung erzählte er, wie sehr er sich darauf freute, bei einem richtigen Turnier für eine schöne Dame zu kämpfen.

»Kennst du die Dame schon?«, fragten Dietrich und Richard aufgeregt.

Da wurde Gunther plötzlich rot bis über die Ohren und sprach ganz schnell von etwas anderem.

Die Falkenjagd

Am schönsten aber war das, was Gunther seinem Bruder als Geschenk mitgebracht hatte: einen Jagdfalken.

Er hatte ihn selbst abgerichtet. Über zwei Jahre hatte er dazu gebraucht. Nun wollte er Richard gar zu gern zeigen, wie er mit ihm umgehen musste. Und als Ritter Johann erlaubte, dass er die beiden Jungen zur Jagd mitnehmen durfte, da brachen Richard und Dietrich in lauten Jubel aus.

Als sie die Burg verließen, waren sie aufgeregt wie noch nie. Und als sie über das Feld gingen, da brauchte Gunther sie nicht zu bitten, ruhig zu sein.

Gunther hatte den Falken an einer Leine festgebunden und trug ihn auf einem festen Handschuh aus Leder. Der Vogel hatte eine Haube über dem Kopf, damit er nicht unruhig wurde. Richard trug die kleine Ledertasche mit Futterhäppchen. Als sich der Falke auf dem Handschuh bewegte, klingelte es.

»Er trägt zwei Glöckchen«, erklärte Gunther, »damit ich ihn wieder finden kann!«

Plötzlich blieb er stehen. Die Jungen hielten neben ihm an.

Gunther blickte sich prüfend um. Dann zog er dem Falken die Haube vom Kopf und hielt ihn auf seiner Hand nur noch an der Leine. Schließlich ließ er auch die Leine los. Der Vogel breitete seine Schwingen weit aus und flog hoch in die Luft. Bald kreiste er über ihnen im Blau des Himmels.

»Kommt er wieder zurück?«, fragte Richard und spürte plötzlich einen Kloß im Hals.

»Keine Angst!«, lachte Gunther. »Seht nur!«

Der Falke schoss nach unten und landete hinter einer Hecke.

»Kommt!« Gunther lief bereits auf die Stelle zu.

Schon bald entdeckten sie den Falken. Er hockte neben einem kleinen Hasen, den er getötet hatte.

Da ließ sich Gunther von Richard ein Stück Fleisch aus der kleinen Ledertasche reichen und hielt es hoch.

Der Vogel entdeckte es sogleich, ließ den Hasen liegen und flog auf seine Hand zurück. Gunther streichelte ihn und gab ihm ein paar Fleischstücke, die der Falke gierig verschlang. Dann setzte ihm Gunther wieder die Kappe auf.

Die Jungen rannten los und kamen bald mit dem Hasen zurück.

»Er hat ihn nur getötet!«, sagte Gunther und sah sich das Tier an. »Kein Fleisch herausgerissen!«

»So gut ist er gezogen!«, meinte Dietrich und nickte anerkennend.

Als sie zurück zur Burg gingen, durfte Richard den Falken auf seine Hand nehmen.

»Ob ich das alles lerne?«, fragte er zögernd. »Ob er sich an mich gewöhnt und mir gehorcht?«

»Wir sind ja zu zweit!«, lachte Dietrich.

»Und Vater wird euch auch helfen!«, sprach Gunther beruhigend.

Als nach ein paar Tagen Ritter Johann mit seinen Leuten weiter ziehen wollte, mussten sie Abschied von Gunther nehmen. Sicher würde es bis zum nächsten Wiedersehen eine lange Zeit dauern.

Ich zähmte einen Falken

Text: Rolf Krenzer/Musik: Martin Göth
Frei nach »Ich zoch mir einen valken«
DER VON KÜRENBERG (* um 1100 † 1150)

1. Ich zähm- te ei - nen Fal - ken vor mehr als ei - nem Jahr, bis
er, wie ich es woll - te, mir treu ge - hor - sam war. Mein
wun - der- schö - ner Fal - ke, das war mein gan - zes Glück. Er
flog hoch in den Himmel und kam zu mir zu - rück. Er
flog hoch in den Himmel und kam zu mir zu - rück.

2. Ich zähmte einen Falken
und sucht ein goldnes Band,
das sich fest um den Falken
und sein Gefieder spannt.
Mein wunderschöner Falke,
das war mein ganzes Glück.
Er flog hoch in den Himmel
und kam zu mir zurück.
Er flog hoch in den Himmel ...

3. Ich zähmte einen Falken.
Ich band ihm um sein Bein
ein Schnürchen ganz aus Seide,
aus Seide musst es sein.
Mein wunderschöner Falke,
das war mein ganzes Glück.
Er flog hoch in den Himmel
und kam zu mir zurück.
Er flog hoch in den Himmel ...

4. Ich trug den stolzen Falken
auf meiner linken Hand.
Er stieg von meiner Hand auf
und flog weit übers Land.
Mein wunderschöner Falke,
das war mein ganzes Glück.
Er flog hoch in den Himmel
und kam zu mir zurück.
Er flog hoch in den Himmel ...

5. Zwei Menschen, die sich mögen,
die gehen Hand in Hand,
denn wer sich liebt von Herzen,
braucht weder Schnur noch Band.
Mein wunderschöner Falke,
das war mein ganzes Glück.
Mein Schatz, wenn du mal fortgehst,
dann komm zu mir zurück.
Mein Schatz, wenn du mal fortgehst ...

Zeit zum Spielen

Kein Spielgefährte für Maria

Ulrich ritt auf seinem Steckenpferd mit Hü und Hott über den Burghof. Er hielt immer wieder einmal an der Burgschmiede an, wo Rudolf, der Schmied, dabei war, ein Pferd zu beschlagen. Ritter Ludwig hielt es fest am Zügel und beruhigte es immer wieder, damit es nicht ausschlug.

»Kommt mein Pferd auch noch dran?«, fragte Ulrich und galoppierte eiligst davon, als Rudolf scherzend den schweren Schmiedehammer in seine Richtung hob.

Elisabeth und Rotraut trieben ihre Holzkreisel mit der Peitsche vor sich her, dass die Peitschen manchmal knallten und die Kreisel tanzten. Anna, die Amme, meinte zwar, das sei kein Spiel für Mädchen. Doch Elisabeth konnte es schon ebenso gut wie Hildebrand und Hagen. Und Rotraut wurde jedes Mal besser.

Richard und Dietrich hatten sich im Lehmboden eine kleine Grube gegraben und versuchten, ihre Murmeln dort hinein zu werfen. Sie hatten vor langem mit dem Kullern begonnen, dann hatten sie immer mehr Abstand zu der Grube genommen und nun mussten sie schon sehr sorgfältig zielen und jeder Murmel einen ordentlichen Schubs geben, damit sie auch wirklich nicht die Grube verfehlte. Aus dem Spiel war ein richtiger Wettkampf geworden. Richard hatte bereits drei Murmeln an Dietrich verloren. Die wollte er unbedingt wieder zurückgewinnen.

Maria stellte sich zu ihnen. Sie zog die kleine Rosa in einem Holzkarren hinter sich her.

»Können wir nicht etwas zusammen spielen?«, fragte sie, nachdem sie eine Weile zugesehen hatte. »Sackhüpfen oder Wegrennen und Abschlagen? Das haben letzten Sonntag sogar die Erwachsenen gespielt!«

»Du störst!«, fauchte Dietrich ärgerlich und blickte gar nicht hoch.

Da seufzte Maria und zog mit ihrem Wagen wieder weiter.

»Hopp, hopp, hopp«, feuerte ihre kleine Schwester das Pferd vor dem Karren an. Sie hatte sich bequem in ihr weiches Kissen zurückgelehnt und hielt Linda im Arm. Adelheid hatte ihr die Puppe aus Stoffresten genäht und mit Stroh gefüllt.

Auf Stelzen gehen

»Langweilig?«, fragte Giselher, als Maria müde an ihm vorbeizog. Er hatte die Pferde versorgt und hockte nun auf einem Holzblock, an dem sonst die Pferde angebunden wurden.

»Mach doch auch mal eine Pause!«, schlug er vor. »Es macht wohl keinen Spaß, immer nur Rosa zu ziehen?«, fragte er weiter, als Maria sich auf den zweiten Block hochzog. Rosa war in ihrem Wagen eingeschlafen.

Maria nickte stumm.

»Warte mal!« Giselher schwang sich von dem Holzblock und rannte zum Stall. Als er zurückkam, trug er zwei lange dicke Stangen im Arm. Die stellte er vor Maria hin.

»Auf diese Stützbretter musst du die Füße stellen!«, sagte er. Maria entdeckte erst jetzt die beiden Fußstützen. Giselher hielt die Stangen so, dass Maria aufsteigen konnte. Gleichzeitig legte er noch den Arm um sie und hielt sie fest.

»Das sind Stelzen!«, lachte er. »Damit kannst du ganz steif gehen und bist viel größer als alle anderen!«

»Gehen?«, fragte Maria zögernd.

»Klar! Versuch es einfach einmal. Ich halte dich schon fest!«

Weil Maria wie alle Kinder im Sommer immer barfuß lief und höchstens einmal Holzsandalen trug, machte es ihr gar nichts aus, sich mit den nackten Füßen auf die Fußstützen zu stellen. Und nach und nach lernte sie, ganz vorsichtig einen Schritt vor den anderen zu setzen. Dabei achtete sie darauf, dass sie die Stelzen gut festhielt und nicht abstürzte. Jetzt konnte Giselher sie schon kurz loslassen. Und es wurde immer besser.

»Wo hast du die Stelzen her?«, fragte sie glücklich und schaute auf den Pferdejungen hinunter.

»Ich habe welche im Dorf gehabt«, sagte er. »Aber das waren zwei dicke Äste mit Astgabeln. Und jetzt habe ich sie hier selbst gebaut!«

Er schaute ihr nach, als sie mit großen steifen Schritten vor ihm herging.

»Wenn du mit ihnen laufen willst, kannst du sie dir immer holen!«

»Danke!«, sagte Maria und stelzte nun um den Karren mit Rosa herum. Rosa schlief tief und fest.

Jetzt hatten auch die andern Kinder Maria auf den Stelzen entdeckt.

Jeder wollte es versuchen und Maria ließ alle einmal aufsteigen.

Sie waren so beschäftigt, dass sie kaum Dietrich und Richard beachteten, die inzwischen endlich mit ihrem Spiel fertig waren. Jeder hatte wieder gleich viele Murmeln.

»Wollen wir Werfen und Fangen

spielen?«, fragte Dietrich und holte den weichen, mit Haaren und Federn gefüllten Lederball hinter seinem Rücken hervor.

»Ich kenne ein neues Spiel!« Richard reckte seinen Kopf. »Hasen jagen. Einer ist der Jäger, alle anderen die Hasen. Er muss sie alle mit dem Ball abwerfen!«

Als die beiden aber sahen, dass sie heute mit ihren Vorschlägen nicht landen konnten, trollten sie sich davon und übten an einer anderen Stelle Bockspringen.

Als dann Richard zum fünften Mal über Dietrich hinweg gesprungen war, der sich wieder gebückt und breitbeinig vor ihn gestellt hatte, sagte er: »Morgen müssen wir aber herausfinden, woher sie die Stelzen hat!«

»Von Giselher!« Richard schüttelte den Kopf. »Hast du das nicht gemerkt?«

»Dann müssen wir eben Giselher fragen, ob er sie uns auch einmal leiht! Vielleicht zeigt er uns auch, wie wir sie bauen können.« Er schnaufte. »Aber jetzt bück dich! Nun kommt mein sechster Sprung!«

Ein Plätzchen zum Spielen

Im Burghof ein Plätzchen zu finden,
das ungestört ist und leer,
ein Plätzchen zum Spielen zu finden,
ihr Leute, das ist oft schwer.

Es wimmelt von Knechten und Mägden,
von Handwerkern, Rittern ringsum.
Die Schweine, die Hunde und Hühner,
die laufen dazwischen herum.

Es herrscht im Burghof Gedränge,
ein ständiges Kommen und Gehn.
Und mitten drin in der Menge
sind Mönche und Bauern zu sehn.

Die einen werkeln und schaffen
und andere bringen was her.
So geht es vom Morgen zum Abend.
Sie arbeiten hart und schwer.

Die Kaufleute wollen verkaufen.
Es wird gehandelt, geschrien.
Und anschließend seht ihr sie alle
zusammen zur Burgschenke ziehn.

Die Wächter hoch auf dem Wehrgang
sind wachsam und stehen bereit,
die Burg und die Menschen zu schützen.
Drum stehen sie dort jederzeit.

Im Burghof ein Plätzchen zu finden,
das ungestört ist und leer,
ein Plätzchen zum Spielen zu finden,
ihr Leute, das ist oft schwer.

Ein Plätzchen zum Spielen zu finden,
das keiner uns streitig macht.
Ich weiß eins: Am Söller dort hinten!
Na, hättet ihr das gedacht?

Ein geheimer Gang

Der Gang führt ins Freie

»Ich habe etwas entdeckt!«, sagte Richard eines Tages zu Dietrich. »Als ich mich vorhin beim Krautkeller verstecken wollte, habe ich mich plötzlich in einem Gang verlaufen. Und da habe ich es entdeckt ...«

»Was denn?«, fragte Dietrich neugierig.

»Das glaubst du nicht!« Richard kam ganz nah heran. So nah, dass er ihm ins Ohr flüstern konnte.

»Ich sah plötzlich ein Loch vor mir, durch das helles Licht kam. Ich bin hindurch geklettert. Fast hätte ich es nicht geschafft, so eng war es. Aber dann stand ich plötzlich mitten im Schlamm und Gehölz und war mit ein paar Schritten an dem See, an dem wir schon oft waren. Aber da ist nicht mehr viel vom See übrig. Er ist fast ausgetrocknet.«

»Ein geheimer Ausgang? Ist das wahr?« Dietrich konnte es nicht fassen. »Ritterwort?« Er hielt ihm die ausgestreckte Hand hin.

Richard schlug ein. »Großes Ritterwort!«

»Das will ich sehen!«, sagte Dietrich.

»Und wenn wir uns dann beide verirren?« Richard zögerte.

»Wir besorgen uns ein paar lange Schnüre und Fackeln!«, meinte Dietrich zuversichtlich.

»Wie wollen wir sie anzünden? Und wenn sie uns mit den Fackeln erwischen, gibt es Ärger!« Richard stellte sich bereits vor, was alles passieren konnte.

»Aber Schnüre!«, rief Dietrich schließlich. Dann eilten sie nach verschiedenen Richtungen davon, um sie zu besorgen. Bald waren sie wieder zurück, die Schnüre sorgsam versteckt unter ihrem Wams.

Als sie sicher waren, dass niemand sie beobachtete, stiegen sie wieder hinab in den Keller.

Als sie den fremden Gang betraten, banden sie eine Schnur an einem Haken fest, den sie im Halbdunkel gerade noch erkennen konnten. Dann tasteten sie sich vor, bis die Schnur abgerollt war.

»Die Nächste!«, flüsterte Richard und reichte die Schnur Dietrich, der sie mit der ersten zusammenband. Langsam kamen sie vorwärts. Sie brauchten fünf Schnüre, bis sie das Loch erreichten, das Richard entdeckt hatte.

»Menschenskind!«, flüsterte Dietrich, als er dann hinter Richard durch das Loch nach außen kletterte. Sie gingen bis zu dem See hinunter. Immer wieder blieben sie stehen, sahen sich um und lauschten. Keiner sollte sie entdecken.

Als sie durch das Loch zurück in den Gang krochen und auch gleich ihre Schnur wieder fanden, fragte Dietrich nachdenklich: »Ob unsere Eltern etwas von dem Gang wissen?«

»Wenn wir sagen, dass wir hier unten waren, gibt es Ärger!«, meinte Richard.

»Aber wenn sie es nicht wissen?«, fing Dietrich wieder an.

»Fluchtgänge sind geheim!«, meinte Richard. »Darüber spricht man nicht.«

»Aber wenn sie es wirklich nicht wissen?«, grübelte Dietrich noch einmal. »Es könnten Feinde durch solch einen geheimen Gang in die Burg kommen. Durch einen Gang, von dem sie hier auf der Burg nichts wissen!«

»Wir wissen es doch jetzt!«, antwortete Richard.

»Trotzdem. Ich werde mit meinem Vater darüber sprechen!«, sagte Dietrich schließlich.

»Und wenn wir dann Ärger kriegen?« Richard packte ihn an der Schulter. Dietrich nickte ihm zu und lächelte verschmitzt. »So dumm frage ich bestimmt nicht!«

»Fragst du jetzt gleich?«, fragte Richard, als sie sich trennten.

Keine Zeit für Kinderkram

Richard musste doch wissen, wie schwer es für Dietrich war, an seinen Vater heranzukommen. Ritter Heinrich war meistens mit seinen Männern zusammen. Er hatte so viele andere Dinge im Kopf, dass er sich nur wenig um seinen Sohn kümmerte. Bei so vielen wichtigen Männersachen war wirklich kein Platz für Kinderkram.

Einmal war es vorgekommen, dass er stehen geblieben war, als ihm Dietrich auf der Treppe entgegenkam. Damals hatte er ihm die Hand auf die Schulter gelegt, ihm auf den Rücken geklopft und gesagt: »Groß bist du geworden! Gar nicht mehr lange, dann musst du das Zimmer deiner Mutter verlassen. Dann übergebe ich dich meinem besten Mann, dem alten Gernot, damit du richtig reiten und kämpfen lernst!«

»Wann?«, hatte Dietrich mit strahlenden Augen gefragt.

»Ein bisschen wachsen musst du schon noch!«, hatte sein Vater gelacht. »Und noch ein bisschen älter werden!« Dann war er weitergegangen.

Nein, so einfach zu seinem Vater gehen und ihm von dem geheimen Gang erzählen, den Richard entdeckt hatte, das konnte er nicht.

Er musste erst Anna, seiner Amme, davon erzählen. Er musste es so wichtig machen, dass sie es der Mutter erzählte. Und wenn ihn die Mutter erst einmal nach dem Gang fragte, dann würde sie es sicher auch dem Vater erzählen. Irgendwann, wenn es sich einmal ergab.

Es würde Zeit brauchen, viel Zeit! Aber irgendwann würde der Vater etwas von diesem Gang erfahren. Jetzt musste Dietrich Anna nur deutlich machen, wie wichtig dieses Geheimnis war.

»Ich schaffe das schon!«, sagte er, als er sich an diesem Tag von Richard trennte. Richard nickte ihm zu.

»Aber sieh zu, dass wir keinen Ärger kriegen!«

»Du kannst dich auf mich verlassen!«, sagte Dietrich und hielt ihm die ausgestreckte Hand hin. »Großes Ritterwort!«

Spielen wie die Ritterkinder

Wächter vor der Burg

Wir bauen eine Burg aus Konservendosen oder großen Bauklötzen. Davor stehen zwei Kinder als Wächter. Die übrigen Kinder versuchen nun, mit weichen Bällen die Burg einzuwerfen. Die Wächter müssen die Bälle auffangen.
Wem es gelingt, die Burg ›betreten‹, tauscht seine Rolle mit einem der Wächter.

Ritterturnier

Wenn wir wie die Ritter vom Pferd aus kämpfen wollen, müssen bei jeder Mannschaft zwei Mitspieler das Pferd bilden. Sie gehen ganz dicht hintereinander, der erste Spieler aufrecht, der zweite Spieler so gebückt, dass er den Ritter auf seinem Rücken tragen kann.
Dabei hält sich der gebückte Spieler an einem Gürtel fest, den sich der Vordermann umgebunden hat.
Zwei Mannschaften stehen sich nun gegenüber. Jeder Ritter hält sich mit der linken Hand an der Schulter seines Pferdes fest. In der rechten Hand trägt er eine Schlinge.
Wenn die Fanfare den Beginn des Turniers anzeigt, versucht jeder der beiden Ritter die Schlinge seines Gegners zu erwischen, fest zu packen und ihn vom Pferd zu ziehen. Der Gewinner tritt später dann gegen den Gewinner der nächsten beiden Mannschaften im Ritterturnier an.

Hahnenkampf

Hahnenkämpfe waren früher sehr beliebt. Zwei Hähne mussten gegeneinander kämpfen. Die Zuschauer wetteten, wer gewinnen würde. Sie setzten Geld auf einen der beiden Hähne. So konnte man Geld verlieren oder gewinnen.
Zwei Spieler können die Kampfhähne sein. Jeder steht auf einem Bein und hat die Arme vor der Brust verschränkt.
Nun versuchen die beiden Kampfhähne sich zu schubsen und umzustoßen. Wer seine verschränkten Arme löst, wer sich mit dem anderen Bein abstützen muss oder gar hinfällt, hat verloren.

Henne und Fuchs

Wenn der Fuchs die Küken raubte, war das auch früher ein großer Verlust. Deshalb versuchten die Menschen, ihre Küken ganz besonders zu schützen.
Im Spiel ist einer die Henne. Die Küken stellen sich in einer Reihe hinter der Henne auf und geben sich die Hände, sodass eine lange Kette von der Henne bis zum letzten Küken entsteht. Wenn nun der Fuchs ein Küken fangen will, stellt sich die Henne ihm in den Weg. Die Küken bleiben angefasst immer hinter ihr. Wie sich die Henne wendet und dreht, so schwingen die Küken nach links und nach rechts. Da hat es der Fuchs schwer, eins von ihnen zu erwischen.

Ritter- und Bauerntanz

Dreht euch, dreht euch im Reigen

Text: Rolf Krenzer/Musik: Martin Göth

1. Dreht euch, dreht euch im Rei - gen. Kommt her, wir wol - len euch zei -
gen, wie Rit - ter heu - te zum Tan - ze gehn, wie Rit - ter heu - te im
Tanz sich drehn. *Refr.* Tam ta - ra tei, tam ta - ra to, der
Rit - ter - tanz, der Rit - ter - tanz, der Rit - ter - tanz geht so.
Tam ta - ra tei, tam ta - ra to, der Rit - ter - tanz,
der Rit - ter - tanz macht uns noch heu - te froh.

Wir stehen alle im großen Kreis. Die Ritter beginnen. Sie gehen von verschiedenen Seiten in den Kreis hinein, schreiten im Kreis herum und drehen sich dabei nicht zu schnell um sich selbst.

Nun gehen die Ritter auf die Damen zu, die rundherum im Außenkreis stehen. Sie verbeugen sich vor ihnen und führen sie dann in den Kreis hinein. Hand in Hand gehen die Paare im Kreis herum.

2. Dreht euch, dreht euch im Reigen.
Kommt her, wir wollen euch zeigen,
wie edle Damen zum Tanze gehn
und mit den Rittern im Tanz sich drehn.
Tam tara tei, tam tara to,
der Rittertanz, der Rittertanz,
der Rittertanz geht so.
Tam tara tei, tam tara to,
der Rittertanz, der Rittertanz
macht uns noch heute froh.

Nach den Damen kommen die Ritterknappen dazu, dann die Ritterfräulein und die Ritterkinder. Alle bekommen ihre Strophe, zu der sie sich im Innern des Kreises drehen. Außen tanzen die, die sich bisher bereits vorgestellt haben.

3. Dreht euch, dreht euch im Reigen.
Kommt her, wir wollen euch zeigen,
wie Ritterknappen zum Tanze gehn ...
wie Ritterfräulein zum Tanze gehen ...
wie Ritterkinder zum Tanze gehen ...
und mit den andern im Tanz sich drehn.
Tam tara tei, tam tara to,
der Rittertanz, der Rittertanz,
der Rittertanz geht so.
Tam tara tei, tam tara to,
der Rittertanz, der Rittertanz
macht uns noch heute froh.

Wilder und ungestümer wird es, wenn die Bauern mit den Bauersfrauen, die Bauernjungen, die Bauernmädchen und die Bauernkinder zum Tanz gehen.

4. Dreht euch, dreht euch im Reigen.
Kommt her, wir wollen euch zeigen,
wie die Bauern zum Tanze gehn
und mit ihren Frauen im Tanz sich drehn.
Rumbadibei, rumbadibo,
der Bauerntanz, der Bauerntanz,
der Bauerntanz geht so!
Rumbadibei, rumbadibo,
der Bauerntanz, der Bauerntanz
macht uns noch heute froh.

Eine ehrenvolle Einladung

Die Begegnung

Als Dietrich ein paar Wochen später seinem Vater wieder einmal auf der Treppe begegnete, blieb Ritter Heinrich plötzlich stehen und sah seinen Sohn nachdenklich an.

»Du und dein Freund Richard«, sagte er schließlich, »ihr könntet heute mit mir und meinen Leuten zusammen zu Abend essen. Wir haben gestern einen Hirsch erlegt. Das wird ein großes Festessen!«

Als er sah, welche Begeisterung er bei seinem Sohn auslöste, fragte er doch noch: »Kannst du dich denn bei Tisch richtig benehmen?«

Dietrich nickte. »Vor dem Essen waschen! Nicht in der Nase bohren. Auch nicht in das Tischtuch schnäuzen oder den Rotz in die Hand reiben! Nicht mit dem Messer in den Zähnen bohren ...«, rasselte er herunter. Schließlich waren das die Tischmanieren, die ihm Anna immer wieder eingetrichtert hatte.

Sein Vater lachte dröhnend.

»Hast du denn überhaupt schon ein Messer?«, fragte er.

Da zog Dietrich blitzschnell das kleine Messer heraus, das ihm der alte Gernot im Winter geschenkt hatte.

Ritter Heinrich nahm es in die Hand und betrachtete es nachdenklich.

»Gehört es nicht dem alten Gernot?«

»Er hat es mir geschenkt«, sagte Dietrich stolz. Sein Vater lächelte und gab es ihm zurück.

»Heute Abend also!«, sagte er dann, als er weiterging. »Und bring deinen Freund mit!«

So schnell er konnte, rannte Dietrich die Treppe hinunter. Jetzt musste er nur noch Richard finden und ihm alles erzählen.

Vorbereitungen

Als sie von der Einladung hörte, gab Anna nicht eher Ruhe, bis die Mägde die Kufe, den ovalen Waschbottich aus Holz, heraufgeschleppt und mit heißem Wasser gefüllt hatten.

»So, du bist als Erster dran!«, sagte Anna und wollte Dietrich packen. Doch der entwand sich ihren Händen.

»Zuerst noch aufs Klo!«, sagte er und rannte zur Tür, die aus der Kemenate direkt zum Aborterker führte. Das war keine Toilette mit Wasserspülung, sondern ein Erker, der an der Außenmauer auf zwei Stützbalken angebracht war. In diesem Erker stand der Abort mit einer Öffnung nach unten, auf den man sich bei Bedarf setzte. Auch viele Küchenabfälle landeten unten an der Burgmauer oder im Burggraben.

Als Dietrich zurück war, musste er sich ausziehen und in den Bottich steigen. Anna schrubbte ihn mit Schmierseife und einer Bürste, dass seine Haut am Ende ganz rot davon wurde. Und weil das Wasser nun schon einmal in der Kufe heiß war, wurde es ein richtiger Badetag für alle. Die anderen Kinder stiegen nun hinein und wurden von Kopf bis Fuß gesäubert. Sie planschten im Wasser herum. Immer mussten sie ermahnt werden, nicht so sehr zu spritzen und das Wasser zu vergeuden. Schließlich wollte Dietrichs Mutter anschließend auch noch darin baden. Und danach die Amme und die anderen Frauen und Mägde, die in der Kemenate waren.

Als Anna Dietrich mit einem großen Tuch trocken gerubbelt hatte, fühlte er sich richtig wohl und zog zufrieden sein warmes Hemd und das Wams über den Kopf.

Und als er sich dann seiner Mutter zeigte, musterte sie ihn zufrieden.

»Du kannst gehen!«, sagte sie.

Da rannte er auf seinen nackten Füßen davon. Vor der Tür stand bereits Richard und wartete auf ihn.

Das Festmahl im Rittersaal

Viele Mägde und Diener waren dabei, das Essen in den Rittersaal hineinzutragen. Sie brachten Platten mit Hirschfleisch, das in der Küche in einer würzigen Soße gekocht worden war.

Als die beiden Jungen den Saal betraten, waren die meisten Plätze um den langen Tisch bereits besetzt.

Dietrichs Vater saß am oberen Ende der Tafel und hatte wie alle anderen ein Holzbrett, eine Gabel mit zwei Zinken, einen Löffel und ein Messer vor sich liegen. Daneben stand ein Becher für den Wein, der mit Honig gesüßt wurde.

Dietrichs Mutter war noch nicht da. Der Platz neben seinem Vater war leer.

Doch Ritter Heinrich hatte die beiden Jungen, die zögernd den Saal betraten, gleich entdeckt.

Er stand auf, winkte ihnen zu und zeigte ihnen mit seiner ausgestreckten Hand, dass sie ganz hinten auf der Bank am Tisch Platz nehmen sollten. Hier saßen auch einige Diener und die Männer, die im Stall der Burg für die Pferde zu sorgen hatten.

Ihre Frauen hatten sie auch dabei. Ritter Heinrich aß abends fast immer mit all seinen Leuten zusammen.

Dann trat auch Dietrichs Mutter ein. Sie wurde von den Frauen aus ihrer Kemenate begleitet und Dietrich freute sich besonders, als er auch Anna unter den Frauen sah. Er winkte ihr verstohlen zu. Doch sie tat so, als würde sie es nicht sehen.

»Dort drüben sitzen deine Eltern!«, flüsterte Dietrich.

Richard hob leicht seine Hand. Seine Mutter bemerkte es und nickte ihm verstohlen zu.

Dann wurde das Essen angeboten. Jeder durfte zugreifen und sich etwas von dem Braten und dem Fisch nehmen. Dazu gab es eine köstliche Brühe, die nach vielen Kräutern duftete. Sie wurde in kleinen Tonschüsseln serviert. Und Brot gab es. Frisches dunkles Brot, das in dicke Scheiben geschnitten war.

Da griffen die beiden Jungen begeistert zu und nickten strahlend, als ihnen eine Kammerfrau ihre Becher mit süßem Apfelmost füllte.

Dietrich und Richard waren die einzigen Kinder am Tisch. Sie merkten, dass sie von allen mit besonderer Aufmerksamkeit beobachtet wurden. Kinder gehörten eigentlich nicht dazu, wenn der Ritter mit seinen Leuten tafelte.

Als aber zum Schluss noch eine Pastete für alle aufgetragen wurde, eine Pastete, die mit Himbeeren und Heidelbeeren gefüllt war, die in den Wäldern rings um die Burg gesucht worden waren, da wunderten sich alle noch mehr. Ob es wohl einen besonderen Grund für dieses Festessen gab?

Der Vater wartete, bis alle fertig gegessen hatten. Dann erhob er sich, nahm den Becher mit Wein in die Hand und blickte die beiden Jungen an.

»Ihr müsst eure Becher in die Hand nehmen und aufstehen!«, flüsterten ihnen die Leute zu, die um sie herum saßen. Da erhoben sich die beiden Jungen so schnell wie möglich und senkten höflich den Kopf.

»Auf das Wohl des Sohnes meines besten Freundes und auf das Wohl meines Sohnes!«, rief der Vater. »Wir trinken auf das Wohl von Richard und Dietrich!« Er nickte den Jungen noch einmal zu, bevor er seinen Becher in einem Zug leerte. Alle, die um den Tisch herumstanden, taten es ebenso.

Als Dietrich den Becher absetzte, sah er, dass auch Ritter Edmund, Richards Vater, ihnen zuprostete. Er war sehr stolz auf sie. Juliana, Richards Mutter, hatte Tränen in den Augen.

Als die anderen sich wieder am Tisch niederließen, blieb Ritter Heinrich stehen, so dass ihn alle gut sehen und hören konnten.

»Ihr werdet euch wundern!«, sagte Ritter Heinrich. »Genauso, wie ich mich gewundert habe. Und zuerst wollte ich es gar nicht glauben, was die beiden Jungen entdeckt haben!«

»Du hast es doch entdeckt!«, flüsterte Dietrich seinem Freund zu. Doch Richard lächelte nur und drückte seinen Arm ein wenig an ihn.

»Wir beide waren es!«, flüsterte er zurück. »Auf mich hätte dein Vater nie gehört!«

Und nun erzählte der Ritter, was er von seiner Frau erfahren hatte. Sie hatte von einem Gang berichtet, der unter dem Berg hindurch ins Freie führte. Vor langer Zeit musste er einmal angelegt worden sein. Aber irgendwann war er vergessen worden. Weder Ritter Otto, Heinrichs Vater, noch Ritter Herdegen, sein Großvater, hatten von diesem Gang etwas gewusst. Sonst hätten sie ihm bestimmt dieses wichtige Geheimnis anvertraut.

»Richard und Dietrich sind auf diesen Geheimgang gestoßen!«, sagte er nun. Kein Wort von dem Versteckspiel und auch kein Wort darüber, dass es Kindern strengstens verboten war, in den Gängen unter der Burg zu spielen, ja, sie überhaupt zu betreten.

»Ich bin mit ein paar Männern auch in diesen Gang hinuntergestiegen!«, fuhr Ritter Heinrich fort. »Er war fast verschüttet. Wir haben lange gebraucht, bis wir ihn so weit frei geschaufelt hatten, dass wir hindurch konnten.«

Er blickte sich nach allen Seiten um und nickte Dietrich und Richard zu.

»Der Gang führt direkt an den See, ja direkt in den See hinein!«, sagte er. »Wir haben ihn von außen nie entdeckt, weil der See so hoch voll Wasser stand. Da stand auch immer ein Teil des Gangs unter Wasser. In diesem heißen Sommer aber ist der See fast ausgetrocknet. Und so stand auch mit einem Mal der Gang offen.«

»Wie gefährlich das ist!«, riefen da die Leute ringsum. »Da könnten Feinde unbemerkt in die Burg hineinkommen und uns im Schlaf überfallen!«

»So ist es!«, sagte Ritter Heinrich und nickte ernst. »Deshalb haben wir den Gang nun ganz besonders gut verschlossen. In den nächsten Tagen werden wir noch Tore in dem Gang anbringen. Und Wächter müssen ihn im Auge haben! Das habt ihr gut gemacht!«, sagte er zum Schluss und hob noch einmal seinen Becher.

Ein Diener kam herbei und füllte die Becher der Jungen erneut mit Apfelmost. Da konnten sie allen noch einmal mit leuchtenden Augen zuprosten.

Kochen und essen wie die Ritter

Die Ritterkinder wurden hauptsächlich mit Milch, Brot und Hirse- oder Grießbrei ernährt. Das Brot wurde aus dem Mehl vieler Getreidesorten gebacken, zum Beispiel Dinkel, Gerste, Hirse, Hafer und Roggen.

Manchmal gab es auch ein kleines Stück Fleisch, ein Ei oder eine Schmalznudel, aber das war sehr selten.

Die Kinder tranken Milch und Wasser und manchmal einen Tee aus frischen oder getrockneten Kräutern.

Hühner, Enten, Gänse, Fasanen wurden im großen Suppentopf gekocht. Das Wild- und Schweinefleisch wurde am Spieß über dem Feuer gebraten.

Im Vorratskeller wurden auf Holzregalen neben dem Kohlgemüse, das immer wieder auf den Tisch kam, Zwiebeln und Erbsen gelagert, ebenso Äpfel, Birnen und Nüsse.

Salz und Pfeffer waren sehr seltene und teure Gewürze, die von Händlern von weit her gebracht und für viel Geld verkauft wurden. Sie wurden ebenso wie getrocknete Nelken und Wacholderbeeren in der Burgküche ganz besonders gehütet.

Zucker kannte man noch nicht, dafür wurden die Speisen mit Honig gesüßt.

Die Erwachsenen tranken manchmal Wein, der in großen Weinfässern gelagert wurde.

Aus alten Getreidesorten wurde Bier gebraut. Es wurde in großen Tonkrügen aufbewahrt, musste aber bald nach dem Brauen getrunken werden, weil es schnell verdarb.

Schmalzmilch

Wir brauchen vier bis sechs Eier, etwas Milch und Speck.

Wir verquirlen die Eier in einem Topf mit Milch und Speckwürfeln und kochen alles so lange, bis die Schmalzmilch beginnt, fest zu werden. Wenn die Schmalzmilch kalt geworden ist, stürzen wir sie auf einen Teller und schneiden sie in dicke Scheiben. Die Scheiben werden dann in der Pfanne gebraten, auf eine Brotscheibe gelegt und mit großem Appetit aufgegessen.

Arme Ritter

Arme Ritter essen Kinder besonders gern. Wir schneiden vier dicke Weiß- oder Roggenbrotscheiben ab und gießen in einer Schüssel etwa ½ Liter Milch darüber. Dann schlagen wir drei Eier auf und verquirlen sie in einer zweiten Schüssel. Haben sich die Brotscheiben richtig voll Milch gesaugt, wenden wir sie in den Eiern und backen sie dann in heißer Butter oder sonstigem Fett in der Pfanne von beiden Seiten goldgelb. Wir essen sie heute gern warm und bestreuen sie mit Zucker und Zimt. Doch Zucker und Zimt gab es bei den Rittern nicht. Bei ihnen gab es die Armen Ritter deshalb herzhaft. Sie würzten sie ein wenig mit Salz und verquirlten klein geschnittene Petersilie oder andere frische Kräuter mit den Eiern, bevor die Brote darin gewendet wurden.

Grießbrei, wie ihn die Ritterkinder mochten

Wir bringen 1 Liter Milch zum Kochen und rühren drei Esslöffel Bienenhonig hinein. Dann streuen wir 125 Gramm Grieß hinein und lassen den Grieß unter häufigem Umrühren ausquellen. Wer mag, kann auch noch 10 Gramm Butter und eine Prise Salz hinzugeben. Nach 10 bis 15 Minuten ist der Grießbrei fertig.

Eierschmer

Oft gab es nur wenige Eier. Dann schlugen die Ritterfrauen ein Ei in eine Schüssel, gaben Wasser, etwas Salz und Pfeffer und einen oder zwei Esslöffel Mehl hinzu und rührten alles zu einem Brei, den sie dann in einer Pfanne mit Speck backten. Dabei wurde immer weiter gerührt und immer wieder etwas Wasser hinzugeschüttet. Der Eierschmer wurde auf das Brot geschmiert und schmeckte köstlich.

Dörrobst

Frisches Obst war früher nicht so begehrt wie heute. Äpfel, Birnen und Pflaumen wurden gekocht und dann gegessen. Und weil man nicht einwecken oder gar einfrieren konnte, wurden Äpfel, Birnen, Pflaumen und Aprikosen, aber auch Pilze gedörrt, das heißt getrocknet. Wenn wir Äpfel dörren wollen, schneiden wir zunächst das Gehäuse mit den Kernen heraus. Dann schneiden wir die Äpfel in 1 cm dicke Scheiben, fädeln sie auf einen Faden und hängen sie zum Trocknen auf.

Frischer Kräutertee gefällig?

Zu dem Burggarten gehörte auch ein Kräutergarten. Aus frischen Kräutern konnte und kann man köstlichen Tee kochen. Heißer Tee wurde den Ritterkindern aber auch verabreicht, wenn sie krank waren.

Pfefferminze

Du legst ein paar frische Pfefferminzblätter in eine Kanne und gießt kochendes Wasser darüber. Der frische Pfefferminztee wird dann ganz grün und schmeckt mit und ohne Honig vorzüglich. Wenn du ihn kalt werden lässt, löscht er an heißen Tagen deinen Durst.

Melisse

Aus den frischen Blättern der Melisse lässt sich ein Tee bereiten, der nach frischer Zitrone schmeckt. Deshalb heißt die Melisse heute auch Zitronenmelisse. Kalt und heiß, mit und ohne Honig, Melissentee schmeckt köstlich! Auch aus getrockneter Pfefferminze und Melisse kann man wohlschmeckenden Tee kochen.

Ein Lied für Elisabeth

Minnesänger zu Besuch

Als es Herbst geworden war, standen eines Abends zwei junge Männer mit ihren Pferden vor dem Burgtor und baten höflich um Einlass.

»Der Burgherr erwartet uns!«, rief der eine und führte sein Pferd durch das Tor, das ihm von Balduin, dem Torwächter, bereitwillig geöffnet wurde.

Sein Freund folgte ihm. Beide hatten Musikinstrumente in ihrem Gepäck. Balduin kannte Bodo von Greifenstein, den Sänger, seit langer Zeit. Vor zwei Jahren erst war er auf der Burg gewesen.

»Habt ihr meine Nachricht erhalten?«, fragte Bodo später, als sie vor dem Burgherrn standen, und war erleichtert, als dieser zustimmend nickte.

»Seid willkommen!«, sagte Ritter Heinrich freundlich.

»Ich habe Pierre de Toulouse mitgebracht«, sagte Bodo und der Fremde verneigte sich höflich. »Er kommt von weither. Als wir uns letzten Sommer begegneten, lernte er gerade deutsch. Nun sind wir bereits länger als ein Jahr zusammen. Zu zweit zu singen und zu musizieren macht doppelten Spaß!«

»Ich lasse euch zur Kemenate der Burgherrin bringen!«, sagte der Ritter freundlich und winkte Elisabeth herbei, die den beiden Sängern heimlich gefolgt war und an der Tür gewartet hatte.

Mit schnellen Schritten eilte das Mädchen den Sängern voraus.

Sie konnte sich noch genau daran erinnern, wie schön es vor zwei Jahren gewesen war, als der ältere von den beiden bis in den Winter hinein auf der Burg zu Gast war.

»Elisabeth!«, rief Bodo von Greifenstein plötzlich und fasste das Mädchen an der Schulter. »Wie sehr bist du gewachsen in den zwei Jahren, seit ich fortgegangen bin!«

»Ich bin ja auch schon sieben Jahre alt!«, antwortete Elisabeth stolz.

In der Kemenate saß Frau Katharina an einem großen Webrahmen und hatte damit angefangen, einen bunten Teppich zu weben. Er sollte bis zum Frühjahr fertig werden. Im Kamin brannte ein helles Feuer. Das tat gut, denn in den Burgmauern konnte es bereits im Herbst empfindlich kalt werden.

»Setzt euch an den kleinen Tisch dort«, sagte die Burgfrau. »Ihr werdet sicher Hunger haben!«

Und bald darauf schon brachte Gertrud, die jüngste Kammerfrau, auf einem Holzbrett Brot und ein Stück kaltes Huhn. Dazu zwei Messer und zwei Gabeln.

»Wann werdet ihr für uns singen?«, fragte Elisabeth, die nicht von der Seite der Sänger gewichen war.

»Lass sie sich doch erst einmal ausruhen!«, lachte Gertrud und blinzelte dem jungen Sänger zu, als sie ihm einen Becher Wein reichte. Der schmucke Pierre mit seinen schwarzen Locken, dem roten Wams und den blauen langen Beinkleidern gefiel ihr offensichtlich. Aber auch die andern Kinder drängten nun herbei und schauten den beiden Sängern gebannt zu. Wenn Minnesänger auf die Burg kamen, dann war das auch für die Kinder ein Ereignis. Manchmal durften sie abends dabeisitzen und zuhören. Und die Sänger kannten manch

lustiges und abenteuerliches Lied, so dass man beim Zuhören vor Aufregung rote Ohren bekam.

»Heute Abend werden wir sie bitten, für uns zu singen!«, sagte die Burgherrin. Sie nickte den beiden Männern zu. »Heute Abend wird auch Ritter Heinrich dabei sein.«

Gertrud führte die beiden Sänger über ein paar Treppen hinweg zu der Kammer, in der sie in den nächsten Tagen wohnen und schlafen konnten.

Auch eine Schüssel und Wasser zum Waschen brachte sie noch herbei.

»Schön ist es hier!«, lachte Pierre und legte sich auf das Bett, in dem er zusammen mit Bodo schlafen sollte. Es war ein breites Holzgestell mit einer Strohmatratze. »Hier halten wir es ein paar Tage aus!«

»Vielleicht auch noch länger!«, nickte Bodo. »Die Leute hier sind sehr nett. Und sie mögen die Lieder, die wir singen!«

Zwei Sänger mit ihren Liedern

Am Abend nach dem Abendessen war es dann endlich so weit.

Ritter Heinrich hatte auch seine besten Freunde eingeladen und Ritter Edmund war mit seiner Frau und den Kindern gern gekommen.

Bodo holte einen kleinen Stimmschlüssel aus seiner Tasche und stimmte die elf Saiten der kleinen Harfe, die er in seinem Gepäck gehabt hatte. Auch eine Fidel hatte er dabei, die man wie eine Laute zupfen konnte. Pierre hatte eine Fidel mit einem Bogen, die sich wie eine Geige spielen ließ. Dazu eine Drehleier, die man auch zupfen konnte. Sie hatte eine Kurbel am unteren Ende. Eine solche Drehleier hatten sie in der Burg noch nie gesehen.

Alle warteten gespannt.

Bodo begann mit einem Lied, das von einem tapferen Ritter erzählte, der viele Abenteuer bestehen musste. Danach griff Pierre zu seiner Fidel und spielte eine Melodie, die so schön war, dass es den Zuhörern in den Beinen juckte und sie am liebsten dazu getanzt hätten.

Sie sangen an diesem Abend noch viele Lieder. Und Ritter Heinrich schenkte den beiden Sängern neuen Wein in ihre leeren Becher, damit ihr Hals nicht trocken wurde.

»Bodo ist der Sohn des Ritters von Greifenstein!«, erklärte Ritter Edmund leise seinen Kindern. »Sein älterer Bruder hat die Burg übernommen und Bodo hat das Handwerk eines Minnesängers gelernt!«

Hatte er auch leise gesprochen, so hatte es Pierre doch gehört.

»Ich bin kein Rittersohn!«, lachte er.

»Ich war ein Handwerker so wie mein Vater. Aber weil mir das Singen und Musizieren so viel Spaß machte, bin ich davon gegangen und habe auf den Marktplätzen gesungen. Einmal hörte mich der Graf von Toulouse. Er hat mich auf seine Burg geholt und mir diese Fidel und später noch die Drehleier geschenkt. Auf der Burg lebte ein alter Musikant. Er hat mich gelehrt, die beiden Instrumente zu spielen. So wurde ich ein Troubadour!«

»Was ist ein Troubadour?«, fragte Gertrud und lächelte den schwarzhaarigen Sänger wieder an.

»Nichts anderes als ein Minnesänger!«, lachte Bodo. »Nur in einer anderen Sprache – auf französisch!«

»Mir gefällt es aber viel, viel besser!«, stellte Gertrud leise fest und hatte auf einmal einen knallroten Kopf.

Da stieß Barbara, die zweite Kammerfrau, sie von der Seite an und grinste.

»Ich nenne ihn ›Pierre de Toulouse‹,

weil er ja aus Toulouse zu uns gekommen ist!«, lachte Bodo.

»Und Mädchen?«, fragte Elisabeth plötzlich. »Können Mädchen auch Minnesängerinnen werden?«

»Ich kenne keine!«, antwortete Bodo.

»Ich auch nicht!«, überlegte Pierre. »Sie lassen sich lieber etwas vorspielen!«

»Zudem ist es für Frauen viel zu gefährlich, allein durch das Land zu reisen!«, fügte Ritter Heinrich noch hinzu.

»Wir singen nun ein Minnelied für die schönste aller Frauen!«, rief nun Bodo und griff wieder nach seiner Harfe.

»Was ist ein Minnelied?«, fragte Dietrich.

»Ein Liebeslied!«, antwortete Gertrud schnell. »Das weiß man doch!«

»Und wer ist die schönste aller Frauen?«, fragte da die Burgfrau noch und hob ihren Kopf ein wenig.

»Jede von euch!« Pierre hob seine Hand.

»Eine ist schöner als die andere!« Und heimlich blinzelte er Gertrud zu.

Sie sangen noch viele Lieder an diesem Abend. Nach jedem Lied klatschten ihre Zuhörer begeistert.

»Nun möchte ich noch ein Lied von einer jungen Frau singen, von der man überall im Land erzählt«, sagte Bodo zum Schluss. »Der Papst hat sie sogar heilig gesprochen!«

Er nickte dem Mädchen zu und sagte:

»Ein Lied für dich, Elisabeth: Das Lied von der Burgfrau Elisabeth und dem Rosenwunder!«

Sie saßen alle um ihn herum, lauschten seinem Lied und staunten über die Rosen, die plötzlich in Elisabeths Korb waren. Gott hatte das Essen, das sie von der Burg herunter den Armen und Kranken im Dorf bringen wollte, in Rosen verwandelt. So beschützte er sie vor ihrem Schwager, der ihr es nicht erlauben wollte, die Armen und Kranken im Dorf zu versorgen.

Als sie dann ihre Schlaflager aufsuchen mussten, konnten die Kinder lange Zeit nicht einschlafen. Die Lieder der beiden Sänger gingen ihnen nicht aus dem Kopf.

Das Rosenwunder

Legendenlied

Text: Rolf Krenzer/Musik: Martin Göth

1. Hört zu, denn von E - li - sa - beth, fang ich zu sin - gen an.

Hoch auf der Wart - burg leb - te sie. Graf Lud - wig war ihr Mann.

Als er zum Kreuz - zug muss - te, ver - traut er sei - nem Schwa - ger

dann, die Frau, die Burg und al - les an, weil er's nicht bes - ser wuss - te.

Refr. Zar - te, ro - te Ro - sen, seht, sie blühn so wun - der - bar!

Mit den ro - ten Ro - sen wer - den Wun - der wahr.

2. Von dieser Burgfrau singt mein Lied.
Sie war so jung und zart.
Der Schwager Heinrich war schon alt
und herzlos, kalt und hart.
Es schlug ihm auf den Magen,
dass diese Frau die Burg verließ,
um Fleisch und Brot und das und dies
ins Dorf hinab zu tragen.
Refrain: Zarte, rote Rosen ...

3. Hoch auf der Wartburg lebt man gut.
Im Dorf herrscht große Not.
Drum stieg Elisabeth hinab
und brachte Wein und Brot.
Wie tat der Schwager wüten.
Er schrie, das wäre unerhört,
weil ihm doch alles hier gehört
und wollt es ihr verbieten.
Refrain: Zarte, rote Rosen ...

4. Er lauerte ihr einmal auf.
Und als sie kam daher,
da trug am Arm sie einen Korb.
Der Korb war voll und schwer.
Mocht er sich drehn und recken,
sie hatte alles gut versteckt
und noch mit einem Tuch verdeckt.
Er konnte nichts entdecken.
Refrain: Zarte, rote Rosen ...

5. »Was hast du da?«, so schrie er laut.
Ihn rührte nicht ihr Flehen.
Er riss das Tuch von ihrem Korb,
um selber nachzusehen.
Dann fing er an zu zittern:
Der ganze Korb voll Rosen war,
voll Rosen rot und wunderbar.
Wie tat ihn das erschüttern.
Refrain: Zarte, rote Rosen ...

6. »Verzeih mir!«, rief er noch und ritt
darauf zurück im Trab.
Elisabeth ging mit dem Korb
sogleich ins Tal hinab,
um ihn ins Dorf zu bringen.
Aus Rosen wurde wieder Brot.
Sie dankte froh und lobte Gott.
So will ich fröhlich singen.
Refrain: Zarte, rote Rosen ...

Die heilige Elisabeth wurde 1207 in Sárospatak in Nordungarn geboren und wurde mit vierzehn Jahren mit Landgraf Ludwig IV. von Thüringen vermählt. Sie führte auch nach dem Tod ihres Mannes (er starb 1227 auf einem Kreuzzug) ein Leben im Dienst der Armen und Kranken. Sie starb am 17. November 1231 in Marburg an der Lahn und wurde am 19. November beigesetzt. Der 19. November ist auch ihr Namenstag. Bereits vier Jahre nach ihrem Tod wurde Elisabeth heilig gesprochen.

Verlobung auf Burg Wetterstein

Eine siebenjährige Braut

Auf einmal war es Frühling geworden. Die Bäume trugen grüne Spitzen und in Mutters kleinem Burggarten stand der einzige Apfelbaum in weißen Blüten. Wenn Elisabeth und ihre Schwester Rotraut von der Burg hinunter in das Tal blickten, konnten sie sehen, dass die Wiesen bis zum Bach voller gelber Blumen waren.

In der Burg hatten die Mägde und Knechte Frühjahrsputz gehalten. Die Fenster, die geöffnet werden konnten, standen weit offen und ließen frische Luft hinein.

Aus der Burgküche duftete es bereits seit dem frühen Morgen. Der Koch hatte mit seinen Helfern alle Hände voll zu tun. Man erwartete Gäste auf Burg Wetterstein, denn Elisabeth sollte mit Konrad, dem neunjährigen Sohn des Ritters von Felseneck, verlobt werden.

Die Ländereien der beiden Burgen grenzten aneinander und oft hatte es zwischen denen von Wetterstein und denen von Felseneck Krach um ein Stück Wald, einen Acker oder ein Feld gegeben. Das hatte einmal zu einem regelrechten Krieg geführt, aus dem aber keiner der beiden Kampfhähne als Sieger herausgekommen war. Mit der Verlobung ihrer Kinder wollten die beiden Familien nun für alle Zeiten Frieden schaffen.

Zur Feier des Tages trug Elisabeth ihr neues weißes Kleid, das ihre Mutter bunt bestickt hatte. Sie hatte ihr sogar zu diesem besonderen Tag ein kleines Goldkettchen mit einem Kreuz daran geschenkt, das Elisabeth stolz um ihren Hals trug.

»Bist du aufgeregt?«, fragte ihre Schwester.

»Sehr!«, antwortete Elisabeth leise und war gespannt, wie der junge Ritterssohn aussehen würde, mit dem man sie heute verloben wollte.

»Er ist sicher hübsch!«, kicherte Rotraut und wäre nur zu gern an Elisabeths Stelle gewesen.

Elisabeth zuckte mit den Schultern. Sie fühlte sich nicht recht wohl bei dieser Verlobung und wäre am liebsten weit davon gelaufen.

Da stürmten ihr Bruder und sein bester Freund aus der Tür des Bergfrieds. Sie waren oben bei dem Wächter gewesen, um Ausschau nach den Gästen zu halten,

die von Burg Felseneck herüberkommen
sollten.

»Sie kommen!«, rief Dietrich und stürmte mit Richard an den beiden Mädchen
vorbei zum Burgtor.

Die beiden Wachen hatten das Tor bereits weit geöffnet.

Nun kam auch Ritter Heinrich mit der
Burgfrau Katharina und mit all seinen
Männern und dem Gefolge die Treppe
vom Rittersaal herunter geschritten.

Sie bildeten eine Gasse, an deren Ende
Heinrich mit seiner Frau stehen blieb,
um die Gäste zu begrüßen. Elisabeth
drängte sich durch die Leute und suchte
die Hand ihrer Mutter.

Dann ritt Ritter Robert mit seinem
Gefolge durch das Burgtor. Als sie von
ihren Pferden stiegen, entdeckte Elisabeth den Jungen in seinem blauen Wams
mit den gelben Beinkleidern und der
roten Mütze. Das konnte nur Konrad
sein.

Die beiden Burgherren senkten die
Köpfe voreinander und begrüßten sich.
Auch vor der Burgfrau Katharina neigte
Ritter Robert ehrerbietig den Kopf und
sein Sohn tat es ihm nach.

Für einen kurzen Augenblick bemerkte
Elisabeth, dass Konrad sie anblickte. Als
er sah, dass Elisabeth ihn ebenfalls ansah, lief er rot an und wendete schnell
seinen Kopf zur Seite.

Ein Vertrag zwischen den Vätern

Aus der Kapelle war Pater Josephus, der Burgkaplan, getreten. Er stand nun auf der Schwelle und winkte den Rittern und ihren Leuten zu, ihm zu folgen. So führte er alle in das kleine Gotteshaus hinein, denn einen würdigeren Raum gab es nicht in der Burg.

Die Sonne schien auf die bunten Fensterscheiben, so dass hier drinnen ein sehr angenehmes Licht herrschte.

Elisabeth blickte zu dem ewigen Licht, das auch jetzt leuchtete.

Der Kaplan ging zu einem kleinen Holztisch, der vor dem Steinaltar mit dem Kruzifix darauf aufgebaut war. Er nahm eine Pergamentrolle in die Hand, rollte sie auseinander und sagte: »Ihr Herren Ritter, ich bin bereit!«

Da fing Ritter Heinrich an und diktierte ihm das Abkommen, das er mit seinem einstigen Feind, Ritter Robert von Felseneck, abgesprochen hatte.

Satz für Satz sprach er und der Kaplan schrieb alles mit einer Gänsefeder und schwarzer Tinte auf das Pergament.

»Ich, Ritter Heinrich von Wetterstein, gebe meine Tochter Elisabeth dem Sohn Konrad des Ritters Robert von Felseneck zur Braut. Bis zu ihrem fünfzehnten Jahr wird sie bei mir erzogen und dann der Familie ihres Bräutigams übergeben.

Als Mitgift wird sie vier Bahnen feinstes Linnen erhalten. Und dazu unser Grenzland mit den Bauernhöfen darauf – das Grenzland zum Land des Ritters von Felseneck.«

Heinrich schwieg und nickte dem Ritter von Felseneck zu.

»Ich, Ritter Robert von Felseneck«, diktierte nun dieser, »nehme die Tochter Elisabeth des Ritters Heinrich von Wetterstein als Braut für meinen Sohn Konrad. Am vereinbarten Tag wird er sie abholen und als seine Hausfrau auf Burg Felseneck führen. Sie allein wird einmal die Mutter seiner Kinder werden. Nach der Hochzeitsnacht wird sie von ihrem Ehemann als Morgengabe acht Goldtaler und ein Reitpferd erhalten.«

Der Kaplan las alles noch einmal ganz langsam und deutlich vor, die beiden Ritter nickten und sahen zu, als Pater Josephus das Pergament mit der Abmachung zusammenrollte und mit heißem Siegellack verschloss. Dann drückte jeder sein eigenes Siegel in den Lack.

»Der Tisch ist im Rittersaal gedeckt!«, sagte daraufhin Ritter Heinrich und führte seine Gäste und alles Gefolge zur festlich gedeckten Tafel.

Beim Essen saßen Elisabeth und Konrad nebeneinander. Doch sie sprachen kaum miteinander und musterten sich nur heimlich von der Seite. Nun waren sie verlobt und würden später einmal heiraten. Keiner hatte sie gefragt, ob sie damit einverstanden waren. Sie wurden miteinander verlobt, weil ihre Väter es so wollten. Mit der Hochzeit würde Frieden zwischen den beiden Burgen sein.

Nur Rotraut, ihre Schwester, fragte Elisabeth später, als Ritter Robert mit seinem Gefolge nach dem Essen davongeritten war, ob ihr Konrad gefallen hatte. Elisabeth zuckte mit den Schultern. »Ich weiß nicht!«, sagte sie zögernd. »Jedenfalls ein hübscher Junge, dein Bräutigam!«, lachte Rotraut und legte den Arm um sie.

Elisabeth schwieg. So recht wusste sie sowieso nicht, was das alles zu bedeuten hatte. Schließlich würde sie im Herbst erst acht Jahre alt werden.

Bis sie einmal fünfzehn Jahre alt war und Burg Wetterstein verlassen musste, war es noch lange. So lange, dass weder Elisabeth noch Rotraut sich das vorstellen konnten.

Bis zur Hochzeit würde sie Konrad sowieso nicht wieder sehen. Und bis dahin waren es ja noch einige Jahre.

Du bist mein und ich bin dein

Erstes Liebeslied

Text: Rolf Krenzer/Musik: Martin Göth
Übertragen aus Minnesangs Frühling,
12. Jahrhundert

Der Junge singt

1. Mag dies Mädchen gar so sehr, lieb sie Tag für Tag noch mehr.

Stimm ich die - ses Lied -chen an, lacht mich froh das Mädchen an.

Refr. Du bist mein und ich bin dein. Da kannst du ganz sicher sein.

Wohnst in mei - nem Herz al - lein. Ein - ge - schlos - sen sollst du sein.

Hab ver -lorn das Schlüs - se -lein: Du musst im - mer drin -nen sein.

Das Mädchen singt
2. Mag den Jungen gar so sehr,
lieb ihn Tag für Tag noch mehr.
Stimm ich auch dies Liedchen an,
lacht mich froh der Junge an.
Refrain *(Mädchen)*:

Du bist mein und ich bin dein.
Da kannst du ganz sicher sein.
Wohnst in meinem Herz allein.
Eingeschlossen sollst du sein.
Hab verlorn das Schlüsselein.
Du musst immer drinnen sein.

52

Beide

3. Mögen wir uns gar so sehr,
lieben wir uns immer mehr,
singen, (summen, pfeifen) wir das Lied zu zweit
und wir wissen gleich Bescheid!

Refrain *(beide)*:
Du bist mein und ich bin dein ...

Du bist min, ich bin din:
Des solt du gewis sin.
Du bist beslozzen
in minem herzen.
Verlorn ist das sluzzelin:
Du muost immer drinne sin.

(überliefert)

Krank von einem Tag zum anderen

Zuerst wurde Ulrich krank

Letzte Woche noch war Ulrich auf seinem Steckenpferd so wild in der Kemenate hin- und hergeritten, dass die Mutter ihn in den Burghof verbannt hatte. Seit Montag aber stand das Steckenpferd in der Ecke. Ulrich rührte es nicht an. Auch Milch und Grießbrei, seine Leibspeise, mochte er nicht. Und als Anna ihm ein ganz frisch gebackenes knuspriges Brot brachte, wandte er den Kopf ab und schob es zur Seite.

Seine Mutter nahm ihn auf den Schoß und wiegte ihn leicht hin und her.

»Sein Kopf ist sehr heiß«, stellte sie fest.

»Fieber!«, sagte Anna. Sie brachte ein nasses Tuch und legte es ihm auf die Stirn. Ulrich ließ alles mit sich geschehen und wimmerte nur leise vor sich hin.

»Schickt nach der alten Marie!«, sagte die Burgfrau und trug den Kleinen behutsam zu dem Lager in ihrer Kemenate, das Anna bereits vorbereitet hatte. Es dauerte seine Zeit, bis einer von Ritter Heinrichs Männern die alte Marie aus ihrer Hütte drunten in Fronhausen zur Burg hinaufgebracht hatte. Und als sie endlich kam, da hatte sich auch Dietrich bereits erbrochen und lag neben Ulrich auf dem Lager.

Letztes Jahr hatten alle vier Kinder Scharlach gehabt. Eins hatte das andere angesteckt. Das war eine schlimme Zeit gewesen. Die Burgfrau hatte mit den Kammerfrauen an ihrem Bett gesessen. Sie hatten immer wieder die heißen, verschwitzten Gesichter abgetrocknet, Umschläge gewechselt, zu trinken gegeben, Geschichten erzählt und gebetet, dass die Kinder wieder gesund würden. Der Kaplan war mehrmals am Tag zu ihnen gekommen. Er hatte auch die Heiligen angerufen und um Hilfe gebetet. Und wirklich, sie waren alle vier wieder gesund geworden.

Welche Krankheit die beiden Jungen diesmal ausbrüteten, konnte die alte Marie auch nicht sagen. Vielleicht Mumps oder Windpocken. Vielleicht auch eine Magen- oder Darmerkrankung. Sie gab aber den Kammerfrauen die getrockneten Kräuter, die sie mitgebracht hatte. Daraus sollten sie einen Tee kochen.

»Das müsst ihr trinken, Kinderchen!«, flüsterte sie und flößte einem nach dem anderen den Tee ein. »Der Tee heizt euch von innen auf. Wenn ihr richtig schwitzen müsst, kann es schon bald besser werden!«

Am nächsten Morgen hatten auch die beiden Mädchen Fieber. Da richteten die Kammerfrauen ein richtiges Krankenlager in der Kemenate ein.

Die Mutter wich nicht von ihrem Lager, redete ihnen zu und machte ihnen Mut. Ritter Heinrich kam einmal herein und ging von einem Kind zum andern. Ganz lang blieb er neben Dietrich, seinem Ältesten, stehen. Er strich ihm über das Haar.

»Er muss doch wieder gesund werden!«, sagte er, als er sich seiner Frau mit traurigen Augen zuwandte.

»Hilf Gott, dass sie alle vier wieder gesund werden!«, antwortete Katharina leise.

Bereits drei Kinder verloren

Als der Kaplan später die Kinder besuchte, lagen sie teilnahmslos da und bemerkten ihn gar nicht, obwohl sie alle vier ihn sonst sehr gern hatten.

Der Priester hielt gar nichts davon, dass wieder nach der Kräuterfrau geschickt worden war. Er traute ihren Kräutern und Pülverchen nicht und tat so, als stünde die alte Marie mit dem Teufel im Bunde. Aber weil die Burgfrau der Kräuterfrau so sehr vertraute und weil die alte Marie schon oft den Kindern mit ihren vielen Kräutern wirklich geholfen hatte, sagte er nichts weiter dazu.

»Drei Kinder habe ich bereits verloren!«, jammerte Katharina leise. »Zuerst dieser schreckliche Unfall, als Hugo beim Klettern von der Mauer stürzte. Und im gleichen Jahr sind Friederike und Gisela an diesen schlimmen Magenschmerzen gestorben. All mein Beten war umsonst. Ich musste zusehen, wie sie immer schwächer wurden und keine Nahrung mehr annahmen. Hilflos saß ich da und konnte es nicht fassen, dass sie sterben mussten.«

»Das war vor zwei Jahren«, antwortete Josephus leise. »Ich habe für sie hier die Messe gelesen und sie in Gottes Namen gesegnet. Sie sind ganz ruhig eingeschlafen und zu Gott gegangen.«

Katharina hob beide Hände vor die Augen und weinte leise. Da stand der Kaplan auf und legte ihr den Arm um die Schultern.

»Vertraue auf Gott, Katharina!«, sagte er dann.

Katharina stand auf und half Anna und den beiden Kammerfrauen den Kindern frische Hemden anzuziehen. Sie waren von Kopf bis Fuß nass gewesen.

»Das Fieber ist gut!«, sagte die alte Marie bedächtig. »Es reinigt den Körper von innen!« Dann ging sie mit ihrem Korb zur Burgküche, um einen neuen Trank zu kochen.

Spät abends legten sich die Kammerfrauen schlafen. Anna zündete eine große Fackel in der Halterung an der Wand an. Dann setzte sie sich zu der Burgfrau auf eine Matratze. Sie würden beide die Nacht bei den Kindern bleiben, Katharina, die Mutter, und Anna, die Amme, die jedes Kind wie ihr eigenes liebte.

Es wird ja wieder!

Es war noch dunkel, als Katharina plötzlich aufschreckte. Sie spürte eine kleine Kinderhand an ihrem Arm, die sie festhielt. Sie richtete sich schnell auf und konnte es nicht fassen: Ulrich stand neben ihr und jammerte kläglich: »Ich habe Durst!«

Die Mutter nahm ihn zu sich hoch und legte den Arm um ihn.

Da war auch Anna wach.

»Ich weiß, wo die Kräuterfrau den Tee hingestellt hat!«, flüsterte sie und schlich so leise wie möglich durch den Raum, um die anderen nicht zu wecken. Sie kam mit einem gefüllten Becher zurück und Ulrich leerte ihn in großen Zügen. Dann kuschelte er sich ganz fest in den Arm seiner Mutter und war bald darauf wieder eingeschlafen.

»Er wird wieder gesund!«, flüsterte die Amme und drückte die Hand der Burgfrau. Katharina nickte stumm. Sie war ja so glücklich.

Als dann die Morgensonne hell in die Kemenate schien, da stand Anna bereits mit einer Suppenschüssel wieder in der Tür.

»Hat jemand Hunger?«, fragte sie.

»Ich!«, rief Ulrich da und setzte sich sogleich in seinem Bett auf.

Als er fertig gegessen hatte, deckte ihn

seine Mutter sorgfältig zu. Und mit roten Backen schlief der Junge sogleich wieder ein.

»Jetzt schläft er sich gesund!«, sagte Katharina glücklich, als Ritter Heinrich eintrat, um nach den Kindern zu sehen.

»Und Dietrich?«, fragte er, nachdem er lange den kleinen Ulrich angesehen hatte. Da richtete sich Dietrich neben Ulrich im Bett auf, öffnete seine Augen und sah alle, die um sein Bett herum standen, verdutzt und mit großen Augen an. Was wollten sie alle hier? Sein Vater und seine Mutter, Anna und Gertrud. Und die alte Kräuterfrau, die immer nur in die Burg kam, wenn jemand krank war.

»Durst!«, sagte er dann und trank gierig von dem kalten Tee, den ihm seine Mutter reichte.

»Das wird wieder!«, flüsterte die alte Marie und nickte den Eltern zu.

»Und die beiden Mädchen?«

»Das seht ihr doch!«, sagte die Kräuterfrau und lächelte. »Sie schlafen sich gesund!«

»Das wird wieder!«, sagte auch Ritter Heinrich. Bevor er die Kemenate verließ, wandte er sich an seine Frau.

»Mach der Alten ein ordentliches Geschenk!«, sagte er leise. »Sie hat es sich verdient!« Dann ging er mit schnellen Schritten zur Burgkapelle.

Der Pater kniete vor dem Altar mit dem Kreuz. Als der Ritter hereinstürmte, erhob er sich langsam.

»Sie werden gesund!«, rief Ritter Heinrich glücklich. »Gott sei Dank, alle vier Kinder sind bald wieder gesund!«

Da kniete Pater Josephus noch einmal vor dem Kreuz nieder, um Gott zu danken. Und Ritter Heinrich kniete neben ihm.

Die Gaukler

Leute, sperrt das Vieh jetzt ein,
holt die Wäsche schnell herein,
denn die Gaukler kommen heut an.
Schließt die Keller im Nu
alle Türen schließt zu,
vor dem Burgtor, dort halten sie an.

Sie kommen gefahren
mit Pferden und Karren,
vor dem Burgtor, da bauen sie drauf
ihre Zelte, die bunten
in wenigen Stunden
zum großen Gauklerfest auf.

Heut wird was geschehen!
Das werdet ihr sehen.
Ein Seiltänzer steht schon bereit.
Gebt Acht auf die Kleider!
Gegen Beutelschneider
da ist heut keiner gefeit!

Fürs Theater, Leute schaut,
wird die Bühne aufgebaut
und ein Schauspiel wird für alle
aufgeführt.
Und ein Tanzbär, schaut euch das an,
wird im Kreis von einem Mann
an der dicken Eisenkette vorgeführt.

Musikanten, spielt nun auf.
Alle warten schon darauf:
eine Tänzerin wird sich hier drehn!
Reißt die Augen auf ganz weit.
Habt ihr jemals so ein Kleid
und solch schöne Frau gesehn?

Kommt alle gelaufen!
Hier gibt's was zu kaufen.
Es bieten die Händler euch an
die Ketten und Ringe
und sonstige Dinge,
wie man sie sonst nicht kaufen kann.

Zwei Kampfhähne, mächtig,
mit Federn so prächtig,
sie treten heut an hier zum Kampf.
Was Magier heut bringen,
das kann nur gelingen
mit Zauberei, Schwefel und Dampf.

Wem die Zähne fast verfault,
kommt herbei, wenn's ihm nicht graut,
denn der Zahnreißer reißt sie ihm aus.
Wer sich das noch einverleibt,
was der Quacksalber verschreibt,
geht zwar ärmer, doch voll Hoffnung
nach Haus.

Ein großes Gedränge,
es staut sich die Menge.
Was kosten die Wunder der Welt?
Sie ziehen ja leider
schon bald wieder weiter.
Jetzt zahlt, wenn euch etwas gefällt.

Von dem Spieß noch ein Stück Fleisch,
einen Trank dazu noch gleich.
Seht, da packen und laden sie schon.
Auch das Burgtor geht zu.
Gebt zur Nacht endlich Ruh!
Morgen sind sie schon auf und davon.

Das Gespenst unterm Dach

Es tut sich was um Mitternacht

Seit knapp einem Jahr half die junge Kammerfrau Adelheid Richards Mutter bei aller Arbeit. Sie war Gertruds beste Freundin. Und Gertrud war die jüngste Kammerfrau Katharinas, der Burgherrin. In jeder freien Minute steckten die beiden Freundinnen ihre Köpfe zusammen, tuschelten, flüsterten miteinander und klatschten und tratschten über alles, was in der Burg geschah.

»Was gibt es heute Neues?«, frotzelte Richard, als er sie wieder einmal in einer Fensternische zusammen tuscheln sah. Adelheid zuckte zusammen, fasste sich aber schnell und bedeutete ihm, näher zu kommen. Sie legte den Finger auf den Mund, zog ihn nah an sich heran und flüsterte ihm ins Ohr: »Die alte Wilhelmine spukt wieder um Mitternacht!«

»Lass sie doch spucken!« Richard wollte weitergehen.

»Nicht spucken!« Adelheid schüttelte unwirsch den Kopf. »Die Burgfrau spukt! Die alte Wilhelmine geht wieder in der Burg um!«

»Wer ist das?«, fragte Richard und war sogleich hell wach.

»Hast du noch nichts von dem Burggespenst gehört?«, fragte nun auch Gertrud. Sie hatte genau verstanden, dass Adelheid Richard einen Schrecken einjagen wollte.

»Die Burgfrau Wilhelmine hat vor langer Zeit hier gelebt. Vor vielen, vielen Jahren hat sie ihren Mann, den Ritter Heribert, vergiftet!«, flüsterte sie und blickte Richard kalt in die Augen.

»Warum?« Richard brachte vor Staunen den Mund nicht mehr zu.

»Er hatte eine heimliche Geliebte, das Fräulein von Traven! Deshalb findet die alte Wilhelmine im Grab keine Ruhe!«, schloss Adelheid und gab ihrer Stimme einen solch unheimlichen Klang, dass es Richard schauderte.

»Und sie erscheint jede Nacht?«, fragte er nach.

Gertrud und Adelheid nickten.

»Kurz nach Mitternacht!«

»Glaube ich nicht!«, rief Richard und schüttelte sich.

Da zuckten die beiden jungen Frauen mit den Schultern. »Glaub es oder glaub es nicht! Aber sei vorsichtig, wenn du dem Gespenst oben auf der Treppe zum Dachboden begegnest!«

»Habt ihr es schon einmal gesehen?«
Adelheid und Gertrud blickten sich
verschwörerisch an und hoben ihre
Augen zur Decke.
»Quatsch!«, sagte Richard und ging
weiter.
So ganz wohl war ihm aber doch nicht zu
Mute und er beeilte sich, schnell davon
zu kommen und nach Dietrich zu
suchen. Er musste ihm unbedingt von
diesem seltsamen Gespenst berichten.

Ein richtiges Burggespenst

Als Gertrud später dabei war, die Ärmel
von Dietrichs rotem Wams auszubessern,
stellte sich Dietrich zu ihr.
»Meinst du, das Gespenst spukt heute
Abend wieder?«, fragte Dietrich so leise,
dass ihn außer Gertrud keiner hören
konnte.
»Sicher!«, antwortete sie und blickte
nicht von ihrer Arbeit auf.
»Wann?«
»Kurz nach Mitternacht!«
Ulrich und Rotraut kamen und wollten
etwas zu trinken haben. Schnell sprang
Gertrud auf und holte ihnen zwei Becher
Milch aus der Küche.
Als sie wieder weiter an dem Wams
arbeitete, fragte sie so ganz nebenbei:
»Wollt ihr euch das Gespenst einmal
ansehen, du und Richard?«
»Kann sein!«, antwortete Dietrich.
Und nach einer Weile fügte er hinzu:
»Ist es gefährlich?«
Gertrud schüttelte den Kopf.
»Kaum!«, meinte sie. »Man darf nur
keine Angst haben!«
Dietrich überlegte. »Das Problem ist«,
sagte er dann, »dass wir nicht um Mitter-
nacht wach werden, Richard und ich.«
»Wollt ihr wirklich?«, fragte Gertrud
nach. Sie wollte ganz sicher gehen.
Dietrich nickte mehrmals.

»Hm!«, meinte sie. »Ich könnte dich vor Mitternacht wecken!«

»Und Richard?«

»Ich spreche mit Adelheid! Sie weckt ihn ganz bestimmt!«

»Aber nichts verraten!«, sagte Dietrich schließlich und reichte ihr die Hand.

»Kein Sterbenswörtchen!«, antwortete Gertrud und drückte ihm die Hand so fest sie nur konnte.

Beim Abendessen an diesem Tag erzählte Rotraut ihren Geschwistern so ganz nebenbei, dass Adelheid und Gertrud heute Nacht Gespenster spielen wollten. Dietrich spitzte die Ohren.

»Woher weißt du das?«, fragte er.

»Sie haben sich doch weiße Tücher und Linnen ausgesucht!«, sagte Rotraut so, als wäre das das Selbstverständlichste von der Welt.

»Und das haben sie dir erzählt?« Dietrich konnte es nicht glauben.

»Sie haben doch gar nicht bemerkt, dass ich zuhörte. Ich habe aber doch alles gehört!«, lachte Rotraut.

Da flitzte Dietrich in den Burghof, steckte zwei Finger in den Mund und pfiff so laut er konnte.

Richard kannte das Zeichen. Er kam sofort die Treppen heruntergerannt.

»Adelheid will mich heute Nacht wecken«, rief er aufgeregt. »Sie hat es mir versprochen!«

Dietrich lachte. »Und dann wollen sie und Gertrud uns einen Streich spielen!« Richard sah ihn verständnislos an.

»Sie wollen sich als Gespenster verkleiden und uns erschrecken!«

»Woher weißt du das?« Richard konnte es nicht fassen.

»Von meiner Schwester!«, zischte Dietrich. »Sie hat sie belauscht.«

»Alle Achtung!«, lachte Richard. »Und was tun wir?«

»Wir lassen uns wecken, du von Adelheid und ich von Gertrud!«, flüsterte Dietrich geheimnisvoll und blickte sich nach allen Seiten um, dass niemand ihn hören konnte. »Aber jetzt ...«

Die beiden Jungen steckten ihre Köpfe zusammen und heckten einen Plan aus. Dann liefen sie über den Burghof zum Pferdestall mit seinen vielen Nebenräumen und suchten nach alten Lumpen, nach Stangen und Seilen. Überall dort, wo etwas lagern oder herumliegen konnte, sahen sie nach. Sie fanden so viele Sachen, dass sie bald Mühe hatten, alles auf ihre ausgestreckten Arme zu packen.

»Jetzt hinauf zum Dach!«, flüsterte Richard und lief als Erster los.

»Wohin wollt ihr mit den Lumpen?«, fragte ein Ritter, der ihnen auf der Treppe zum Rittersaal begegnete.

»Es muss nach oben!«, antwortete Dietrich schnell.

»Ganz nach oben!«, pflichtete Richard ihm bei.

»Aha!«, sagte der Ritter und nickte nachdenklich. »So, so!«, meinte er und ging weiter nach unten. »Ganz nach oben!« Höher und immer höher stiegen die beiden, bis sie endlich unter dem Dach angekommen waren. Durch eine Dachluke konnten sie ein Stück Himmel sehen.

»Dieser Platz ist richtig!«, feixte Dietrich.

Und dann machten sich die beiden Jungen daran, aus den Hölzern und Latten ein Gestell zu bauen. Sie wickelten Tücher und Lumpen um dieses Holzgestell herum und stopften es dann noch mit Lappen aus.

Nun banden sie es mit einem dicken Strick an einem Balken fest, der direkt unter der Dachluke herausschaute. Richard trat ein paar Schritte zurück und pfiff anerkennend durch die Zähne.

»Echt! Wie ein richtiger Mensch!«

»Quatsch!« Dietrich lachte. »Ein Gespenst! Die alte Wilhelmine!«

Gespensterstunde

»Dietrich!« Gertrud rüttelte ihn leicht an der Schulter.

Verschlafen öffnete Dietrich die Augen.

»Sei leise, damit du die anderen nicht weckst!«, zischte ihm Gertrud zu.

»Warte, bis sie in der Kapelle die kleine Glocke zur Mitternachtsmesse läuten! Du hast noch viel Zeit! Ich lege mich wieder hin!«

Und schon war Gertrud davon.

Zur gleichen Zeit weckte Adelheid Richard.

»Warte bis zum Läuten!«, flüsterte sie ihm zu. »Du hast noch etwas Zeit!«

Richard brummte leise.

»Ich gehe wieder schlafen!«, sagte sie noch und gähnte herzhaft. Dann war sie in der Dunkelheit verschwunden.

Kurze Zeit später stand sie bereits mit einem Packen Tücher und Linnen auf der Treppe und wartete auf Gertrud.

»Pst!«, flüsterte sie, als Gertrud die Treppe hinauf stolperte. Vorsichtig und leise stiegen sie nun weiter. An einem Absatz hielten sie an.

»Steh still!«, zischte Gertrud. »Ich zieh dich jetzt an!«

Dann wickelte sie die Tücher und Linnen um ihre Freundin herum, umwickelte ihr den Kopf und die Arme, so dass fast nichts mehr von ihr zu erkennen war.

Sie musste immer wieder innehalten, weil sie vor Lachen und Prusten kaum noch wickeln konnte.

»Nicht die Augen verbinden!«, flüsterte Adelheid.

Schon bimmelte das Mitternachts-glöckchen von der Kapelle her. Die jungen Frauen zuckten zusammen.

»Jetzt schnell zur Dachluke!« Adelheid zog Gertrud an der Hand hinter sich her.

»Ein paar Stufen noch!«

»Jetzt müssen die Jungen gleich kommen!« Adelheid begann, vorsorglich ein unheimliches Wimmern zu probieren.

In diesem Augenblick entdeckte sie die Gestalt unter der Dachluke. Es war Vollmond. Und das fahle Licht des Mondes senkte sich auf das unheimliche Wesen.

Der Geist der alten Wilhelmine!

Ein wilder Schrei! Schon stürzte Adelheid die Treppe hinunter und nahm ein paar Stufen auf einmal. Das Herz klopfte ihr bis zum Hals. Fast hätte sie Gertrud umgestoßen, die nun auch die Gestalt unter der Dachluke erkannte und sich vor Schrecken nicht rühren konnte.

Dann packte sie sich an den Kopf, schrie schrecklicher als jedes Gespenst und stürzte hinter Adelheid her.

Auf der Treppe kamen ihnen Richard und Dietrich entgegen.

»Hilfe!«, schrien die beiden Frauen und

jagten an ihnen vorbei. »Der Geist der alten Wilhelmine!«

In den Schlafräumen wurde es unruhig. Eine Tür wurde aufgestoßen und jemand schrie laut: »Ruhe!«

Adelheid und Gertrud sackten in sich zusammen und hockten dann wie zwei verlorene Krähen auf einer Stufe.

»Still!«, flüsterte jede von ihnen immer wieder. »Still!«

Dietrich und Richard aber stiegen auf leisen Sohlen nach oben und holten ebenso leise die Puppe vom Dachbalken herunter. Sie versteckten die Hölzer und Tücher sorgfältig und verwischten die letzten Spuren. Morgen würden sie alles wieder dorthin zurückbringen, wo sie es hergeholt hatten.

Dann klopften sie sich auf die Schulter, grinsten sich an und schlichen zu ihren Betten zurück.

Kein Wort wurde am nächsten Morgen über das nächtliche Abenteuer gesprochen. Doch Gertrud kam es so vor, als hätte Dietrich ein unverschämtes Grinsen um den Mund herum, wenn sie ihn ansah.

»Wie war das denn nun mit dem Geist der alten Wilhelmine?«, fragte Richard später Adelheid.

»Erzählt dem Jungen nicht solche dummen Geschichten!«, sagte seine Mutter ärgerlich, als sie das hörte.

Da lief Adelheids Gesicht sogleich rot an und sie war froh, dass sie nichts weiter zu sagen brauchte.

»Man darf eben nur keine Angst haben!«, sagte Richard und grinste.

Ein klitzekleines Burggespenst

Text: Rolf Krenzer/Musik: Martin Göth

1. Ein klit-ze-klei-nes Burggespenst haust o-ben un-term Dach und macht mit sei-nem Weh-ge-schrei um Mit-ter-nacht mich wach. Den Va-ter hat das Burg-ge-spenst noch kei-ne Nacht ge-stört. Er schläft so tief und schnarcht so laut, dass er es nie-mals hört.

Refr. Hui, hui hu-hu. Hui, hui he-he. Hui, hui hu-hu. Hui, hui he-he, so wimmert es durchs Haus. Ein Jam-mern und ein Heu-len, so-gar die al-ten Eu-len, die hal-ten's nicht mehr aus.

2. Und meine Mutter glaubt mir nicht
und meint: »Das kann nicht sein!
Schau, Burggespenster gibt es nicht,
sind sie auch noch so klein!«
Mein großer Bruder lacht mich aus
und hält mich für verrückt.
Er hat sein ganzes Leben lang
noch kein Gespenst erblickt.

Refrain: Hui, hui huhu …

3. Und meine Schwester ruft ganz bös:
»Hör endlich auf! Sei still!
Weil ich von deinem Burggespenst
kein Wort mehr hören will!«
Der Knappe Wolfram rät mir schlau,
denn er weiß gleich Bescheid:
»Frag das Gespenst, wenn es dich weckt,
warum es denn so schreit!«

Refrain: Hui, hui huhu …

4. So lieg ich wach bis Mitternacht.
Und wimmert's vor der Tür,
dann ruf ich leise: »Komm doch rein!
Hier ist es schön bei mir!«
Es klettert zu mir in mein Bett
und kuschelt sich noch an.
Da frag ich: »Warum schreist du so,
dass ich nicht schlafen kann?«

Refrain: Hui, hui huhu …

5. »Ich habe Angst!«, sagt das Gespenst
und kriegt 'ne Gänsehaut.
»Ich bin so klein und so allein,
drum heule ich so laut.
Hier ist es schön!«, so sagt es noch.
Vorbei ist das Geschrei.
Dann schläft es ein in meinem Arm
und schläft bis fast halb drei.

Refrain: Hui, hui huhu …

6. Seit dieser Nacht hat das Gespenst
mich niemals mehr erschreckt.
Es schläft bei mir und hat seitdem
mich nicht mehr aufgeweckt.
Und hörst du einmal ein Gespenst
nachts wimmern, jammern, schrein,
dann lad es ein zu dir ins Bett.
Du wirst es nie bereun!

Refrain: Hui, hui huhu …

Eine richtige Drachengeschichte

Der alte Gernot und seine Geschichten

Den alten Gernot liebten sie alle, die älteren wie die jüngeren Kinder. Er konnte so gut reiten und fechten wie kein Zweiter. Er führte auch die Aufsicht über den Pferdestall, überprüfte die Rüstungen und Waffen und war für vieles verantwortlich. Außerdem war er Ritter Heinrichs bester Mann, und er holte sich manchen Rat bei ihm.

Am schönsten aber war es, wenn sich alle an einem Winterabend in das Stroh ganz hinten im Pferdestall kuscheln durften und der alte Gernot seine Geschichten erzählte. Oft war das so schön und spannend, dass auch einige Mägde und Knechte, ja sogar manchmal ein Ritter dazukamen, sich mit ins Stroh setzten und zuhörten.

»Ist das wirklich wahr?«, fragten oft die Kinder mit heißen Ohren, wenn er geendet hatte und der Mond bereits in den Stall hinein schien. »War das wirklich so?« Dann schaute der alte Gernot versonnen durch das Fenster hoch in den Himmel mit den vielen Sternen hinein. »Glaubt es oder glaubt es nicht!«, sagte er dann. »Das liegt ganz an euch!«

Vom Drachen Paladu

Auch an diesem Abend saßen wieder alle im Stroh um den alten Gernot herum und bettelten um eine Geschichte. Gernot hatte sich ein Stück Holz gesucht und bearbeitete es mit seinem Messer. Plötzlich blickte er in die Runde und fragte: »Hat jemand schon einmal etwas von dem Drachen Paladu und von der schönen Sigrid gehört?«

»Nein!«, flüsterten die Kinder und drückten sich eng aneinander.

»Ein Ritter gehört auch noch in meine Geschichte!« Der alte Gernot nickte bedächtig. »Ein echter Ritter! Mutig und tapfer, wie echte Ritter sein müssen. Er hieß übrigens ...« Er blickte sich in der Runde um und deutete auf Ulrich. »Ja, genau wie du hieß er. Ritter Ulrich von Stolzenberg!«

Ulrich lief rot an und genoss es sichtlich, dass alle sich ihm zuwandten.

»Da gab es aber auch einen herzlosen, arglistigen und vor allem feigen Ritter«, erzählte Gernot, »den Ritter Wunibald von Ungestüm. Der lebte auf seiner Felsenburg und machte allen im Land zu schaffen. Wenn er sich in einem Dorf oder vor einem Burgtor sehen ließ, dann ließen die Bewohner ihn alles rauben und mitnehmen, was er haben wollte. Nicht, dass sie Angst vor diesem Ritter gehabt hätten. Aber er kam nicht allein. Immer brachte er seinen riesigen Drachen mit. Der Drache hatte bisher noch keinem ernsthaften Schaden zugefügt. Es genügte bereits, dass er sich nur an der Seite des Ritters zeigte. Schon liefen die Menschen um ihr Leben und der schnöde Ritter konnte sie in aller Ruhe ausplündern.«

»War das der Drache Paladu?«, fragten Elisabeth und Maria fast gleichzeitig.

»Das war er!«, nickte der alte Gernot. »Aber keiner hatte bisher seinen Namen erfahren. Wer traut sich schon einen Drachen nach seinem Namen zu fragen, wenn man sich vor Angst fast in die Hosen macht! Nur Ritter Wunibald wusste, wie er hieß. Vor langer Zeit war er einmal dem Drachen begegnet und wäre fast vor Schreck einen steilen Felsen heruntergestürzt, als er davonrennen wollte. Der Drache konnte ihn gerade im letzten Augenblick noch festhalten.

›Ich tue keinem Menschen etwas!‹, flüsterte er dem zitternden Ritter zu und bemühte sich, ihn nicht mit dem Feuer zu verbrennen, das aus seinem Rachen schoss.

Der Ritter fasste sich nur langsam und fragte schließlich: ›Von anderen Drachen erzählt man sich schlimme Sachen! Wer bist du??‹

›Ich heiße Paladu!‹, sagte der Drache und lächelte froh. ›Und wer meinen

Namen kennt, der hat Macht über mich. Ich muss ihm dienen, mag ich das wollen oder nicht!‹

Das hätte der Drache besser nicht gesagt. Sogleich machte ihn der Ritter zu seinem Knecht und er musste tun, was er wollte. Damals begann Ritter Wunibald, die Burgen und Dörfer zu überfallen. Manch ein Ritter versuchte sich ihm entgegen zu stellen, doch der Drache fegte ihn mit einem mächtigen Prankenhieb zur Erde. So war er froh, dass er mit seinem Leben davon gekommen war.

Der Ritter Wunibald wurde immer unverschämter und ungehobelter. So schreckte er am Ende noch nicht einmal vor dem Schloss des Königs zurück. Eines Tages erschien er mit dem Drachen davor und der Drache blies jeden mit seinem feurigen Atem um, der sich ihnen in den Weg stellte.

Als nun gar der König selbst mit erhobenem Schwert auf ihn zulief, streckte der Drache auf Geheiß des Ritters auch ihn mit einem Prankenhieb zu Boden.

Der Ritter aber zerrte den König an seinem Rock wieder hoch und brüllte so laut, dass es jeder im Schloss hören konnte: ›Ich will die Königstochter, die schöne Sigrid, sofort mitnehmen. Kommt sie nicht umgehend aus dem Schloss heraus und geht mit mir, dann muss der König auf der Stelle sterben!‹ Und es dauerte

gar nicht lange, bis die Prinzessin heraustrat. Die Prinzessin Sigrid war so schön, dass sich die Sonne am Himmel vor ihr verstecken musste. Sie hatte aber auch ein so gutes Herz, dass sie nicht länger zusehen konnte, wie ihr Vater von dem unehrenhaften Ritter gedemütigt wurde. ›Ich gehe mit dir!‹, sagte sie und zeigte keine einzige Träne. Sie war nämlich auch stolz. Niemals hätte sie dem Ritter gezeigt, wie weh es ihr ums Herz war. Da packte sie der Ritter, riss sie auf sein Pferd und jagte mit ihr davon. Fauchend folgte ihm der Drache.«

»Das war gemein!«, rief da Dietrich und ballte seine Faust.

Der alte Gernot nickte ihm zu. Dann erzählte er weiter: »Nun lebte zu dieser Zeit auch der Ritter Ulrich von Stolzenberg. Das war ein armer Ritter. Er hatte in einem Krieg, in dem er für den König gekämpft hatte, alles verloren. Nicht einmal seine Burg hatte er behalten. Nur der Name war ihm geblieben.«

Richard nickte. Seinem Vater ging es ja auch nicht besser als diesem Ritter. Gut nur, dass er Ritter Heinrich zum Freund hatte.

»Dieser Ritter war zwar arm«, erzählte Gernot, »aber jung und sehr mutig. Als Ritter Ulrich nun den Wunibald mit der Prinzessin auf sich zujagen sah, versteckte er sich schnell in einem

Busch, bevor er von ihm gesehen werden konnte.

Der Drache folgte langsam, blieb schließlich stehen und redete mit leiser Stimme traurig vor sich hin. So leise er auch sprach, Ritter Ulrich konnte ihn doch verstehen.

›Immer muss ich Schlimmes tun, was ich nicht will‹, sagte der Drache wieder und wieder. ›Immer Leute umwerfen und umblasen!‹ Er seufzte laut. ›Was er jetzt macht, das kann er nicht tun! Die schöne Prinzessin ist viel zu schade für ihn!‹

Zum Schluss ließ sich der Drache vor dem Busch nieder und jammerte.

Wunibald war mit der geraubten Prinzessin davongeritten. Er hatte überhaupt nicht bemerkt, dass der Drache ihm nicht mehr folgte.

Da trat Ritter Ulrich hinter dem Busch hervor und ging langsam auf den Drachen zu.

›Kann ich dir helfen?‹, fragte er mutig.

Der Drache schaute ihn mit traurigen Augen an und seufzte.

›Wie heißt du?‹, fragte ihn der Ritter freundlich.

Da sprang der Drache mit einem Satz auf, schnaubte fürchterlich, spieh rotes und gelbes Feuer und drehte sich vor Freude im Kreis.

›Paladu heiße ich!‹, rief er immer wieder. ›Paladu! Drache Paladu!‹

Ritter Ulrich hatte alle Mühe, sich schnell wieder hinter seinen Busch zurückzuziehen. Da merkte der Drache, wie sehr er den Ritter erschreckt hatte.

›Komm nur heraus!‹, rief er ihm zu. ›Du hast mich erlöst! Du hast mich nach meinem Namen gefragt. Nun brauche ich nie mehr diesem schrecklichen Wunibald zu gehorchen. Nur noch dir allein!‹

Nach und nach verstand der Ritter, was geschehen war. Und nun gab es nichts anderes mehr für ihn, als die schöne Prinzessin zu befreien. Aber wie konnte ein armer Ritter, der noch nicht einmal ein Pferd besaß, jetzt schnell dem Räuber mit der Prinzessin folgen?

›Steig auf!‹, rief ihm der Drache zu und dann flogen sie so schnell durch die Luft dahin, dass sie schon bald den Ritter mit der Königstochter vor sich sahen.

›Gib die Prinzessin frei!‹, rief Ulrich und schwenkte sein Schwert über dem Kopf. Ritter Wunibald wandte sich um und sah die beiden.

›Pack ihn!‹, brüllte er dem Drachen zu.

›Pack ihn und vernichte ihn!‹

Doch der Drache blies helles Feuer aus seinen Nüstern und stürmte direkt auf Wunibald zu.

Da erkannte der feige Ritter, dass er bei dem Drachen ausgespielt hatte. Er stieß die Prinzessin vom Pferd und jagte davon. Der Drache aber hielt an und Ritter Ulrich stieg von seinem Rücken. Die Prinzessin hatte beim Fallen Glück gehabt und nur ihr rechtes Bein ein bisschen aufgeschrammt. Sonst war ihr nichts geschehen. Sie lächelte dem fremden Ritter zu und ließ sich gern von ihm auf den Drachen hinaufheben. Dann trug sie der Drache zurück zum Schloss ihres Vaters!«

Der alte Gernot schwieg. Er betrachtete den kleinen Drachen in seiner Hand, den er aus dem Holz geschnitzt hatte.

»Den bekommt mein junger Freund!«, sagte er und reichte ihn hinüber zu Ulrich. Der saß glückselig da und konnte es kaum fassen, dass der Drache ihm gehören sollte.

Die andern aber kamen nach und nach wieder in die Wirklichkeit zurück.

»Gernot, was ist aus dem Wunibald geworden?«, fragte Dietrich.

»Und was aus dem Ritter Ulrich?«, wollte Elisabeth noch wissen. »Hat er die Prinzessin geheiratet?«

Der alte Gernot zuckte nur die Schultern. »Vielleicht!«, meinte er. »Vielleicht auch nicht! Aber sicher eher vielleicht als nicht!«

»Gibt es noch Drachen?«

»Gab es überhaupt einmal Drachen?«

»Können Drachen denn sprechen?«

Fragen über Fragen.

»Ist das wirklich wahr?«, fragten die Kinder mit großen Augen und heißen Ohren. »War das wirklich so?«

»Glaubt es oder glaubt es nicht!«, sagte der alte Gernot. »Das liegt ganz an euch!«

Er räusperte sich. »Aber das könnt ihr mir glauben: Wenn ihr jetzt hinausgeht, liegt draußen Schnee!« Er blickte hoch und konnte durch das Fenster die weißen Schneeflocken im Mondlicht tanzen sehen. »Es hat die ganze Zeit geschneit und ihr habt es beim Zuhören nicht einmal bemerkt!«

Da rannten die Kinder nach draußen und tobten durch den Schnee.

Ein echter Ritter werd ich nie

Das Lied vom verhinderten Helden

Text: Rolf Krenzer/Musik: Martin Göth

1. Ich woll-te wie ein Rit-ter wer-den. Ein ech-ter Rit-ter wollt ich sein. Wollt rei-ten auf den stol-zen Pfer-den, drum stieg ich in die Rüs-tung rein. Die Rüs-tung zwang mich in die Knie. Ein ech-ter Rit-ter werd ich nie! Ein ech-ter Rit-ter werd ich nie!

2. Ein jeder möchte viel erreichen,
so viel er nur erreichen kann.
Ich möchte einem Ritter gleichen
und fing am liebsten heut schon an.
Doch geb ich mir auch so viel Müh ...
Ein echter Ritter werd ich nie!
Ein echter Ritter werd ich nie!

3. Wenn ich den Hund vom Nachbarn treffe,
und er kommt immer näher mir,
dann sag ich mir: »Nur zu und kläffe,
ich fürchte mich doch nicht vor dir!«
Dann renn ich los! Jetzt fragt nicht, wie ...
Ein echter Ritter werd ich nie!
Ein echter Ritter werd ich nie!

4. Im Wasser sollt ihr mich erleben,
nur schwimmen kann ich leider nicht.
Denn soll ich nur die Beine heben,
mach ich ein ängstliches Gesicht
und geh vor Angst noch in die Knie ...
Ein echter Ritter werd ich nie!
Ein echter Ritter werd ich nie!

5. Im Fernsehn kann ich Krimis sehen.
Das macht mir überhaupt nichts aus.
Doch soll ich in den Keller gehen
allein und durch das dunkle Haus,
verlässt mich alle Energie ...
Ein echter Ritter werd ich nie!
Ein echter Ritter werd ich nie!

6. Soll ich mich abends auch noch duschen
– das kalte Wasser ist kein Spaß –,
versuche ich, ins Bett zu huschen.
Das Wasser ist mir viel zu nass.
Ich hab 'ne Wasser-Allergie!
Ein echter Ritter werd ich nie!
Ein echter Ritter werd ich nie!

7. Wenn ich dann endlich schlafen gehe,
und dunkel wird's im ganzen Haus,
damit ich noch ein Lichtchen sehe,
macht mein Nachtlicht mir ja nicht aus!
Sonst schrei ich unter Garantie ...
Ein echter Ritter werd ich nie!
Ein echter Ritter werd ich nie!

8. Ich liebe heimlich Dorothee,
möcht zärtlich streicheln ihr Gesicht.
Doch kommt sie nur in meine Näh,
steh ich dumm da und trau mich nicht.
Ich zitter und hab weiche Knie ...
Ein echter Ritter werd ich nie!
Ein echter Ritter werd ich nie!

9. Doch etwas darf ich nicht vergessen,
denn etwas kann ich immerhin:
Kann alles mit den Fingern essen
und rülpsen, wenn ich fertig bin.
Gefällt's euch nicht, dann tut's mir leid!
So war'n die alten Rittersleut!
So war'n die alten Rittersleut!

Angriff auf Burg Wetterstein

Feinde nähern sich der Burg

Es war einer dieser heißen Tage im August, an denen die Sonne so stark vom Himmel herunterbrannte, dass sie alles lähmte. Die Mägde und Knechte hatten sich in die kühlen Räume der Burg zurückgezogen, wo man die heißen Tage besser ertragen konnte.

Die Bauern, die zur Frohnarbeit bereits nach Sonnenaufgang aus dem Dorf herauf gekommen waren und seit Monaten dabei waren, die dicke Ringmauer im Norden zu verbreitern, waren heimgeschickt worden.

In der Burg Wetterstein hoch über dem Tal stand keinem der Sinn danach, in dieser Hitze draußen etwas zu tun. Sogar der alte Dagobert, der im Torhaus in der kleinen Kammer neben dem geschlossenen Burgtor seinen Platz hatte, kämpfte mit aller Mühe gegen die Müdigkeit, die ihn an diesem Mittag immer wieder überfiel. Erst gegen Abend würde ihn Winfried ablösen und die Nachtwache am Burgtor bis zum frühen Morgen übernehmen. In ruhigen Zeiten wie diesen waren mehr Wächter am Tor nicht nötig. Nur die beiden Wächter oben auf dem Bergfried blickten immer wieder zwischen den Zinnen hindurch in das Land hinein, so weit sie sehen konnten. Niemand auf Burg Wetterstein rechnete damit, dass es bei dieser Hitze einem Feind einfallen würde, auf die Burg loszumarschieren. Da ertönte mit einem Mal das Horn vom Bergfried herunter und schreckte alle auf.

Die Wachen hatten ein bewaffnetes Heer erspäht, das auf Feldbach, das Dorf zu Füßen der Burg, zu zog.

Ritter Heinrich rannte die Treppen zum

Bergfried hinauf, um sich selbst zu überzeugen. Dietrich und Ulrich waren ihrem Vater auf den Bergfried gefolgt.

»Da kommen Leute aus Feldbach herauf!« Dietrich deutete nach unten.

»Frauen und Kinder!«, sagte der Vater. »Sie suchen Schutz in der Burg!«

Er zeigte auf das Heer in der Ferne.

»Oswald von Trutzburg!«, sagte er. »Er hat nicht genug an seinem eigenen Land und den Burgen, die er schon an sich gerissen hat. Jetzt zettelt er auch noch einen Krieg gegen mich an!«

Die Rüstungen glänzten in der Ferne.

»In einer Stunde werden sie hier sein!«, sagte Ritter Heinrich, als er vom Bergfried hinunter stieg. »Wir werden ihnen entgegenreiten!«

Die Pferde waren bereits gesattelt. Die Ritter begannen sich zu rüsten. Schon versammelte sich ein Trupp auf dem Burghof. Auch Giselher, der Pferdejunge, war dabei. Er war der jüngste, der heute mit in den Kampf zog. Und stolz war er. So stolz, dass er an der Seite der Ritter kämpfen durfte.

»Darf ich auch mit, Vater?« Dietrichs Augen glänzten. Ulrich hielt sich ängstlich an seiner Hand fest.

»Kinder ziehen nicht in den Kampf!« Heinrichs Antwort war kurz und unmissverständlich. »Ihr geht sofort zu Mutter in die Burg!«, sagte er noch, bevor er nach seinen Knappen und dem Pferd rief.

Dann sprach er kurz mit Ritter Ludwig, der sogleich durch das Burgtor davonritt. Der alte Gernot blieb mit einigen Männern da. Sie sollten alles vorbereiten, um im Notfall die Burg zu verteidigen. Die Frauen sollten den Bauersfrauen und Kindern helfen, auf der Burg unterzukommen.

Dietrich und Richard standen an den schmalen Mauerritzen der Kemenate und versuchten die Ritter zu erspähen. Doch die Ritze taugten nur dazu, ein wenig Licht hereinzulassen. Gerade noch ein winziges Stück der Straße unten im Tal war von hieraus einzusehen. Sie führte an einem kleinen Bach entlang, der die Mühle vor dem Dorf antrieb. Auch das Dorf lag an diesem Bach.

Richards Mutter war mit ihren Kindern und ihren Frauen zu der Burgfrau gekommen. Nun standen sie alle in der Kemenate und warteten. Und das Warten war schrecklich. Keiner wusste, was heute Abend sein würde. Die Frauen bemühten sich, ihre Angst nicht vor den Kindern zu zeigen. Schließlich blieb Richards Mutter in der Kemenate bei den Kindern. Die Burgfrau ging zum Tor, um sich um die Leute aus dem Dorf zu kümmern. Dietrich und Richard folgten ihr.

Die Burg soll verteidigt werden

»Ihr könnt helfen!«, rief der alte Gernot den beiden Jungen zu, als sie mit gesenkten Köpfen hinter Katharina her trotteten.

Das ließen sich Dietrich und Richard nicht zweimal sagen.

In einem großen Bottich wurde über dem Burgtor Pech heiß gemacht. Das sollte den Angreifern von oben auf den Kopf geschüttet werden, wenn sie das Burgtor stürmen sollten.

Da gab es viele Eimer zu schleppen, denn nun kamen auch noch Bottiche mit heißem Wasser dazu. Die Jungen hatten keine Zeit mehr, sich um das zu kümmern, was im Tal geschah. Hier in der Burg wurde jede Hand gebraucht. Und auch die Bauersfrauen packten kräftig zu.

»Holt noch mehr Wasser aus dem Brunnen!«, rief der alte Gernot den Jungen zu. Gut, dass er niemals die Übersicht verlor und jedem sagte, was er zu tun hatte.

Verbissen ließ Richard den leeren Eimer an der Kette in den Burgbrunnen im Hof herunter und drehte solange die Kurbel, bis er voll wieder oben war. Sogleich goss er das Wasser in den Eimer, den Dietrich hinstellte. Dann rannte Dietrich mit dem Wasser los und Richard ließ den Eimer erneut hinunter.

»Feuer! Feuer! Feldbach brennt!«
Der Schreckensruf hallte von den Zinnen herüber.

Die Frauen aus dem Dorf schrien auf und die Kinder drängten sich heulend an ihre Röcke.

Dietrich vergaß für einen Augenblick seine Arbeit und hastete die Treppen zu dem Wehrgang empor, auf dem einige Männer mit ihren Pfeilen und Bogen standen.

Da sah er selbst, was passiert war: Seinem Vater und seinen Männern war es nicht gelungen, die feindlichen Ritter aufzuhalten. Sie hatten das Dorf überrannt und angezündet. Bestimmt hatten sich die Bauern ihnen in den Weg geworfen. Aber was konnten sie schon mit ihren Knüppeln und Stangen gegen die Schwerter und Waffen der Ritter ausrichten?

Nun jagte Oswald von Trutzburg mit seinen Männern den Berg hinauf auf Wetterstein zu. Ritter Heinrich hatte sich zunächst zurückgezogen. Dann hatten sich aber seine Ritter auf dem Weg zur Burg gesammelt und griffen nun die Feinde an, die zu ihnen hinaufstürmten. Doch wie lange konnten sie die Übermacht der feindlichen Ritter noch aufhalten? Es waren dreimal so viele Ritter und mehr als Heinrich ihnen entgegenstellen konnte.

»Noch mehr Wasser!«, brüllte der alte Gernot.

Da packte Dietrich erneut den Eimer und rannte wieder zum Brunnen. Dann raste er zurück zu den Bottichen mit dem Pech. Er wollte alles tun, dass die Burg nicht in feindliche Hände fiel.

Jetzt hörte man hier oben bereits das Kampfgeschrei und das Klirren der Waffen.

Richard kam dazu und blickte kurz zu Dietrich hinüber. Wie schnell hatte sich von einer Stunde zur anderen alles verändert. Es sah schlecht für die Menschen auf Burg Wetterstein aus. Wenn die Burg von Oswald von Trutzburg eingenommen wurde, dann waren sie ihm bedingungslos ausgeliefert.

»Durchhalten!«, flüsterte Dietrich und strich über die Schwielen, die er sich an beiden Händen geholt hatte. Richard hielt ihm kurz seine Hände hin. Sie sahen nicht besser aus.

Dann griff er nach dem nächsten Eimer, um noch mehr heißes Wasser zu holen. Dietrich folgte ihm.

Plötzlich schrien die Leute auf dem Wehrgang erneut laut auf. Aber es hörte sich anders an. Waren es auf einmal freudige Rufe?

Noch einmal stürzte Dietrich nach oben und winkte dann schnell Richard zu sich hinauf.

Hilfe in der Not

Ja, jetzt konnten sie es alle sehen: Eine große Schar Ritter kam aus der anderen Seite des Tals herbei und stürmte bereits den Weg zur Burg hoch. Ritter Ludwig, den Heinrich als Boten geschickt hatte, kam zurück. Und mit ihm kam Ritter Robert von Felseneck mit seinen Leuten herangestürmt.

Der Ritter von Trutzburg saß in der Falle. Vor ihm stand Heinrich mit seinen Leuten und griff ihn erneut an. Und hinter ihm stürmte Robert mit seinen Rittern den Berg hinauf.

»Er hat verloren!«, riefen die Männer oben auf der Brüstung.

»Sieg!«, brüllten sie nun von der Burg hinunter. Und »Sieg!« tönte es von unten zurück.

So musste Oswald von Trutzburg am Ende aufgeben und wurde als Gefangener durch das Burgtor von Wetterstein geführt, in die Burg, die er als Sieger betreten wollte.

Schreiend und heulend liefen die Frauen und Kinder, die aus dem Dorf geflüchtet waren, den Berg hinunter. Was würde sie dort erwarten?

Oswald von Trutzburg sollte allen Schaden, den er angerichtet hatte, wieder gutmachen. Aber konnte er das überhaupt?

Dietrich und Richard waren glücklich, dass ihre Väter heil aus dem Kampf heimgekommen waren. Von der Not und dem Leid im Dorf, von den erschlagenen Freunden und Feinden erfuhren sie nicht viel.

Nur als Maria nach Giselher fragte, dem freundlichen Pferdejungen, der ihr einmal Stelzen geliehen hatte, da sagte ihr Vater traurig: »Er war einer der mutigsten und tapfersten, die in den Kampf gezogen waren!«

Er war aber auch einer von denen, die niemals wiederkommen würden.

Leise begann die Glocke der Kapelle zu läuten. Sie wurde immer lauter.

Da machte sich auch Ritter Edmund mit vielen anderen Rittern auf, um dafür zu danken, dass der Kampf gut ausgegangen war.

Das Lied vom verrosteten Ritter

Text: Rolf Krenzer / Musik: Martin Göth

1. Hört zu, ihr Leut, ich will euch heut ein lus-tig Lied-lein brin-gen.

Vom Rit-ter Hein-rich Wol-ken-sturm, da will ich heu-te sin-gen.

Der Rit-ter zog durch Wald und Feld, hat manchen Feind be-zwun-gen.

So hab ich oft von diesem Hel-den gern ein Lied ge-sun-gen.

Refr. Ti-ri-la-la, ti-ri-lei, hört zu, dass ihr's ver-steht, da-

mit es euch nicht wie dem Hein-rich Wol-ken-sturm er-geht.

2. Er zog in manche Schlacht hinein
und kam gesund heraus.
So ritt der Heinrich Wolkensturm
stets unversehrt nach Haus.
Doch einmal legte er am Fluss
nach einem Sieg sich nieder.
Da zog herauf ein Wolkenguss
und regnet auf ihn nieder.
Tirilala, tirilei ...

3. Er wurde nass bis auf die Haut.
Im Schlaf tat er nichts spüren.
Doch als der frühe Morgen graut,
da fing er an zu frieren.
Er macht sich auf den Heimweg dann,
um sich dort aufzuwärmen
und fing sogleich am Burgtor an
zu schreien und zu lärmen.
Tirilala, tirilei ...

4. Er stolperte die Treppen hoch
zur stillen Kemenate
und bat die Burgfrau: »Hilf mir doch
aus meiner Rüstung grade.
Ich muss ins Bett!«, so sagt er drauf,
»sonst hol ich mir den Schnupfen.«
Doch seine Rüstung geht nicht auf,
mag er sie zerrn und rupfen.
Tirilala, tirilei ...

5. Die Rüstung geht fürwahr nicht auf,
wenn er auch friert und frostet.
Am Ende kommt die Burgfrau drauf:
»Die Rüstung ist verrostet!«
»Verrostet!«, schreit der Ritter laut
und zitternd vor Entrüstung.
»Auf, Schmied, schlagt zu, zerstört, zerhaut
mir endlich diese Rüstung!«
Tirilala, tirilei ...

6. Der Schmied schlägt zu, so fest er kann.
Der Ritter möchte heulen.
Am Ende steht der Rittersmann
im Hemd und voller Beulen.
Voll blauer Flecken! Obendrein
muss niesen er und prusten.
Und kriegt zum Schluss das Zipperlein
und einen schlimmen Husten.
Tirilala, tirilei ...

7. »Ich kämpfe nie mehr!«, rief der Mann.
»Das ist das einzig Wahre!«
So sprach er und er hielt sich dran
und lebte hundert Jahre.
Wir lassen's heut, ihr guten Leut,
mit diesem Lied bewenden,
dass alles so vergnügt und froh
bei euch auch möge enden!

Lehrjahre

Schwimmen, jagen und reiten lernen

»Der alte Gernot wird euer Lehrmeister sein!«, hatte Ritter Heinrich gesagt. Wie hatten sich Dietrich und Richard darauf gefreut, dass sie jetzt bei ihren Müttern ausziehen sollten, um von nun an mit den Männern zu leben. Endlich würden sie bald erwachsen genug sein, um allein die Umgebung von Wetterstein zu erforschen, durch die Wälder zu reiten, mit Pfeil und Bogen zu jagen und sogar selbst einen Falken zu zähmen.

»Ritter müssen schwimmen lernen!«, sagte Gernot bereits am ersten Tag und ging mit den beiden Jungen dorthin, wo der Bach am tiefsten und am breitesten war.

»Hinein mit euch!«, rief er und sprang als Erster hinein.

Was blieb den beiden übrig, als hinter ihm her zu springen.

Als das Wasser über ihnen zusammenschlug, tauchten sie mehrmals auf und unter.

Als sie dann schließlich prustend und nach Luft schnappend wieder nach oben kamen, griff Gernot zu und zog sie mit seinen starken Armen heraus.

»Hinter mir her!«, rief er, sprang erneut hinein und schwamm bereits wieder im Wasser.

Sehr schnell verstanden sie: Der Lehrmeister duldete keine Widerrede.

Tag für Tag gingen sie nun zum Bach und nach ein paar Wochen waren die Jungen wirklich zu Meisterschwimmern geworden.

Gernot sah ihnen lachend zu.

»Kommt mit!«, rief er dann und trieb sie aus dem Wasser. »Jetzt können wir mit dem Reiten beginnen!«

Bisher hatten die Jungen manchmal auf einem Pferd mitreiten dürfen. Hin und wieder hatte sie auch ein Knecht auf ein Pferd gehoben und im Hof herumgeführt. Wie sehr hatten sie es sich aber immer schon gewünscht, endlich richtig allein reiten zu dürfen.

»Alles Reiten beginnt mit dem Zäumen und Satteln!«, sagte Gernot und war nicht eher zufrieden, bis es Dietrich und Richard mit ihren kleinen, noch wenig geschickten Händen gelang, den Sattelgurt fest anzuziehen. Ihre Hände und Arme hatten noch nicht die Kraft von Männern.

Um dann die Zügel anzulegen, mussten sie auf die Bank steigen.

Der alte Gernot war unerbittlich. Er war erst zufrieden, als sie gelernt hatten, auch ohne Hilfe ihr Pferd in den Hof zu führen und aufzusitzen.

Aber dann ging es gleich weiter: »Zügel festhalten! Gerade sitzen! Mit den Schenkeln Druck geben!«

Immer wieder stellte Gernot ihnen neue Aufgaben: Weit laufen, ohne sich übermäßig anzustrengen und keine Pause machen! Über Gräben und Hecken springen, an Mauern hochklettern, auf Bäume steigen, schwere Steine stoßen, um die Muskeln der Arme zu trainieren. So ging es Tag für Tag und Monat für Monat.

Nach einem Jahr und mehr hatten die Jungen gelernt, mit Pfeil und Bogen durch die Wälder zu reiten und ihre Ziele immer besser zu treffen. Zuerst waren Bäume ihre Zielscheiben, dann Äste und Zweige.

Als sie zum ersten Mal einen Hasen und zwei Vögel erlegten und heimbrachten, war auch Gernot glücklich. Die Mühe hatte sich gelohnt. Es war auch für ihn nicht einfach gewesen. Oft hatte er sie zwingen müssen. Aber wer ein rechter Ritter werden wollte, musste eben viel lernen.

Schon stellte er die nächste Aufgabe: »Nun müsst ihr lernen, den Jagdspeer vom Pferderücken aus zu schleudern!«

Den größten Wunsch der beiden Jungen aber erfüllte ihnen der alte Gernot nicht: Endlich selber einmal eine richtige Ritterrüstung tragen, ein Kettenhemd darunter und den Helm mit dem Visier auf dem Kopf! Aber je mehr Dietrich und Richard bettelten, desto verschlossener wurde er.

»Wartet es nur ab!«, sagte er ruhig. »Bald werdet ihr Knappen am Hof von Herzog Albrecht sein. Dann wird es euch noch schwer genug werden die Rüstung zu tragen!«

»Kämpfen werden wir!«, nahmen sich die beiden Jungen immer wieder vor. »Im Turnier mit unseren Lanzen gegen andere Ritter kämpfen!«

»Setzt euch dort auf die Mauer!«, sagte Gernot endlich. »Ich will euch von einem Turnier erzählen, bei dem ich selbst dabei war!«

Er nickte Dietrich kurz zu.

»Ich hatte deinen Vater zu dem Turnier am Königshof begleitet. Und ich sorgte auch für ihn, als er gegen Ritter Hildebrand von Westerburg antrat. Ritter Hildebrand war rot gekleidet und hatte einen roten Federbusch an seinem Helm. Sein Pferd war mit einer grünen Decke geschmückt. Auch sein Begleiter war ganz in grün.«

»Er muss toll ausgesehen haben!«, meinte Dietrich.

»Dein Vater sah noch besser aus!«

Der alte Gernot legte Dietrich den Arm um die Schulter.

»Als wir uns vor dem Turnier vor dem König und der Königin verneigten, klatschten alle, die uns sahen.«

»Hat er auch für eine Dame gekämpft?«, fragte Dietrich ganz aufgeregt. »Hat sie ihm ein Tuch zugeworfen?«

»Was dachtest du denn?«, lachte Gernot. »Es war schon eine besonders hübsche und edle Dame, die ich Ritter Heinrich auserkoren hatte und für die er kämpfen wollte!«

»Und hat er gewonnen?«, fragte Richard aufgeregt.

Da schlug sich der alte Gernot vor Freude auf die Schenkel.

»Das fragt ihr noch?«

»Und wer war die schöne Dame?«, wollte Dietrich wissen.

»Denk mal nach!« Gernot blickte ihn augenzwinkernd an.

»Deine Mutter!«, schrie da Richard.

»Deine Mutter und niemand anderes!«

Da merkte Dietrich, wie stolz er auf seinen Vater war. So stolz, dass er vor Verlegenheit rot anlief. Und Richard freute sich mit ihm.

Von nun an wünschten sich die beiden noch sehnlicher, endlich eine Ritterrüstung zu tragen und in ein richtiges Turnier zu ziehen!

Die Ritterrüstung

»Nun gut!«, sagte der alte Gernot eines Tages und lächelte hintergründig. »Am Sonntag nach der Messe hier vor dem Stall ist es soweit! Ihr dürft zum ersten Mal eine richtige Ritterrüstung tragen! Es soll der Abschluss eurer Lehrzeit bei mir sein!« Er blickte sie kurz an. »Am besten, ihr verratet keinem etwas!«
Die Jungen nickten. Sie konnten den Sonntag kaum erwarten. Und dicht halten konnten sie auch nicht.
So kam es, dass am Sonntagmorgen nach der Messe die Stallburschen, Mägde und Knechte, aber auch ein paar Ritter um den alten Gernot herum standen und die beiden glänzenden Rüstungen begutachteten, die schon bereitgestellt waren. Auch die Kinder waren hinzugekommen und warteten gespannt. Die Kammerfrauen der Burgfrau standen dabei. Alle, die die beiden Jungen schon kannten, seit sie auf allen vieren herumgekrochen waren. Sogar der Burgkaplan war nun nach der Messe herausgekommen.
»Seid ihr bereit?«, fragte der alte Gernot. Als die Jungen stolz und schweigend nickten, brachten die Stallburschen die beiden Kettenhemden und legten sie ihnen an. Hui, waren die schwer! Sie nahmen einem ja beinahe den Atem! Als sie ihnen dann die Helme auf den Kopf setzten, bemühten sich die Jungen verzweifelt, die Visiere hochzuklappen, um etwas zu sehen. Das hatten sie noch nie geübt. Wie sollte das gehen? O, wie gerieten die beiden ins Schwitzen!
Als ihnen aber schließlich die Rüstungspanzer umgelegt wurden, da waren sie so schwer, dass sie sich nicht mehr auf den Beinen halten konnten. Mit lautem Krachen und Scheppern fiel erst Richard, dann Dietrich um.
Da lagen sie nun auf der Erde, unfähig sich zu rühren. Und um sie herum brach ein großes Gelächter aus und wollte nicht enden. Ein paar junge Leute halfen ihnen endlich aus den Rüstungen heraus. Der alte Gernot sah ihnen zu und wischte sich die Lachtränen aus den Augen.
Völlig verdutzt erfuhren die beiden Jungen dann, dass es auf Burg Wetterstein schon manch einem am Ende seiner Ausbildung so ergangen war wie ihnen heute. Diese lustige Überraschung zum Schluss gehörte einfach dazu.
Was blieb ihnen übrig, als in das Lachen der Umstehenden einzustimmen.
Die Stallburschen und Knechte rieben sich die Hände und einer rief: »Es waren aber auch die schwersten und größten Rüstungen, die wir in der Waffenkammer gefunden haben!«
Dann entdeckten sie auf einmal ihre

beiden Väter, die auch dem Spektakel zugesehen hatten. Ritter Heinrich und Ritter Edmund nickten ihnen zu und reichten dann dem alten Gernot die Hand. Sie bedankten sich für alles, was er den Jungen beigebracht hatte.

»Bald reiten wir an den Hof von Herzog Albrecht!«, sagte dann der Burgherr und blickte die beiden Jungen an.

»Ihr werdet die Knappen von Ritter Wilhelm und Ritter Martin werden!«

»Das wird kein Honigschlecken!«, fügte Ritter Edmund hinzu und nickte Ritter Heinrich zu. Beide waren auch einmal Knappen gewesen. Jeder an einer anderen Burg.

Die beiden Jungen blickten sich an.

»Endlich!«, flüsterten sie sich zu.

Was macht Mut?

Text: Rolf Krenzer/Musik: Martin Göth

1. Im Zimmer ist es dun-kel! Komm, mach dir nichts da-raus! Dann macht dir al-les Dunk-le fast gar nichts aus. Gar nichts aus! Gar nichts aus! Wenn erst die Nacht vo-rü-ber ist, kommt gleich die Son-ne raus.

Refr.: Was macht Mut? Merk dir's gut: Ist erst ein-mal die Angst be-siegt, dann wächst bestimmt der Mut. Duuri duu-ri di-du uri duu. Duu-ri duu-ri di-du uri-duu. Duu-ri duu-ri di-du uri-duu. Du uri duuri didu uri-duu.

2. Wenn's draußen lärmt und wütet,
da hilft dir kein Geschrei.
Denk nach und zähle leise
von eins bis drei.
Eins, zwei, drei! Eins, zwei, drei!
Wenn ein Gewitter niedergeht,
dann geht es auch vorbei.
Refrain: Was macht Mut ...

3. Will dich ein Großer schlagen
und baut sich vor dir auf
und frisst die Angst am Ende
dich fast noch auf:
Gib nicht auf! Gib nicht auf!
Schau dich nach einem Fluchtweg um
und lauf, lauf, lauf, lauf, lauf!
Refrain: Was macht Mut ...

4. Die Angst macht einen fertig,
dass man nichts denken kann.
Bleib cool und lass die Angst nicht
an dich heran.
Glaub mir, dann, glaub mir dann,
fängt, eh du dich so recht versiehst,
dein Mut schon richtig an.
Refrain: Was macht Mut ...

5. Nimm nicht, um Held zu werden,
sofort das Schwert zur Hand.
Es wächst der Mut vor allem,
das ist bekannt,
durch Verstand, durch Verstand!
Nur wer die Angst kennt und bezwingt,
der wird ein Held genannt.
Refrain: Was macht Mut ...

Abschied

An einem warmen Sommermorgen ritten zwei Ritter mit ihren Söhnen durch das Burgtor.

Es ging den Weg hinunter zum Dorf, weiter durch das Tal am Bach entlang und dann einen Berghang hinauf.

Dort hielten die beiden Ritter an und wendeten ihre Pferde. Dietrich und Richard taten es ihnen nach.

Nun sahen sie Burg Wetterstein noch einmal in der Ferne.

Alles war von hier deutlich zu erkennen: das Torhaus mit dem geschlossenen Tor, die dicke Ringmauer rund um die Burg, das Haupthaus mit den vielen Treppen und Zimmern und der hohe Bergfried, von dem jetzt sicher ein Wächter zu ihnen hinübersah.

So lange hatten sich die beiden Jungen darauf gefreut, an den Hof Herzog Albrechts zu kommen.

Endlich war es so weit. Ihre Väter begleiteten sie selbst dorthin.

Bereits in zwei Tagen sollten sie die beiden Ritter Wilhelm und Martin kennen lernen. Sie sollten ihre Knappen werden. Nach einer langen harten Lehre würde Herzog Albrecht sie am Ende zu Rittern schlagen.

Die beiden Jungen schauten nachdenklich zu der Burg hinüber, wo sie bis heute daheim gewesen waren.

Es tat weh, jetzt Abschied zu nehmen. Wer wusste schon, wann sie ihre Mütter, ihre Schwestern und Brüder und all die anderen wieder sahen? Und ob der alte Gernot, den sie so liebten und verehrten, dann noch lebte?

Lange Zeit sahen sie schweigend hinüber zu der Burg.

Dann räusperte sich Ritter Heinrich leise.

»Auf!«, sagte er. »Reiten wir los! Wir haben heute noch einen weiten Weg vor uns!«

Als die beiden Ritter ihre Pferde wieder wendeten und aufbrachen, folgten ihnen Dietrich und Richard.

Immer schneller ritten sie dahin.

Bald war Burg Wetterstein nicht mehr zu sehen.

Zu den Geschichten dieses Buches

Noch heute finden wir um uns herum Spuren aus der Ritterzeit. Nicht nur die alten Burgen und Ruinen, die Rüstungen und Waffen der Ritter von einst, sondern auch ihre Namen und Wappen sind uns oft noch bekannt. Viele Dörfer und Städte tragen ihre Namen aus dieser Zeit. Die Bauern, die Fronarbeit auf einer Burg ableisten mussten, wohnten zum Beispiel in Fronhausen. Wenn Wald gerodet wurde, erhielten die Dörfer, die dann entstanden, die Namen Roden oder Roth. Das Dorf, das auf einem Feld am Bach lag, heißt bis heute Feldbach.

In diesem Buch hast du Geschichten von Mädchen und Jungen gelesen, die vor ungefähr achthundert Jahren auf Burg Wetterstein, einem kleinen Adelssitz mitten in Deutschland, gelebt haben und etwa so alt waren wie du. Du hast erfahren, wie sie damals lebten, was sie gern spielten und aßen und welche Abenteuer sie erlebten.

Vieles, was damals für die kleinen Ritterkinder selbstverständlich war, können wir uns heute nur schlecht vorstellen. Sie kannten weder einen Kinderspielplatz noch einen Kindergarten. Sie wurden nicht besonders beachtet, aber auch nicht in ein Kinderzimmer abgeschoben. Die Kinder beobachteten die Erwachsenen und ahmten sie nach. So lernten sie.

Bis zu ihrem siebten Lebensjahr lebten die Jungen behütet bei ihrer Mutter. Danach wechselten sie in die Welt der Männer über. Hier hatten Kraft und Kampf ihren besonderen Platz. Sie wurden einem Lehrmeister übergeben, dem sie bedingungslos zu gehorchen hatten und mit dem sie täglich zusammen waren. Manchmal setzte es auch Prügel. Damals

fand man nichts dabei. Sie lernten bei ihm, was Jungen lernen müssen, die einmal Ritter werden wollen. Der Unterricht fand nicht in einer Schule statt, sondern draußen auf dem Feld, im Wald, auf der Wiese oder im Fluss. Wer einmal ein Ritter werden wollte, der musste vor allem seinen Körper gut trainieren, um sich für geschicktes und ausdauerndes Kämpfen vorzubereiten. Rechnen und Schreiben brauchten die Jungen nicht zu lernen.

Kaum ein Ritter konnte lesen. Das konnten die Mönche, vor allem aber die Burgfrauen und ihre Töchter, die das Schreiben neben dem Weben und Sticken, dem Spinnen und Nähen von ihren Müttern erlernt hatten.

In den Dörfern mussten Kinder mit sieben Jahren auf den Feldern und im Stall wie Erwachsene arbeiten. In den Städten kamen sie mit sieben Jahren in die Lehre.

Für die Ritterkinder war es selbstverständlich, dass dem Burgherrn das Land um die Burg gehörte, die Wälder und Weiden, die Wiesen, Felder, Bäche und Flüsse, eben alles. Auch die Mühlen, in denen das lebenswichtige Mehl für das tägliche Brot gemahlen wurde.

Die Dörfer und die Menschen, die in den Dörfern lebten, gehörten dem Burgherrn ebenso wie ihr Vieh. Zu Wetterstein gehörten die Dörfer Feldbach, Fronhausen und Nieder- und Oberroden. Die Bäuerinnen und Bauern mit ihren Kindern waren die Leibeigenen des Ritters. Sie mussten tun, was er von ihnen verlangte. Wurde in der Burg ein Kind geboren, holte man einfach eine junge Mutter aus dem Dorf und machte sie zur Amme des neugeborenen

Kindes. Niemals wurde sie gefragt, ob sie dazu bereit war. Und kein Ritter fragte nach ihrem eigenen Kind. Die Bauern mussten harte Fronarbeit auf der Burg ableisten. Sie bauten in mühevoller Arbeit die mächtigen Burgen überall im Land für die Ritter und mussten sie immer wieder reparieren. Einen großen Teil von dem, was sie geerntet hatten, mussten sie auf der Burg abliefern. Der Burgherr war Herr über Leben und Tod. Dafür war er verpflichtet, die Bauern zu schützen und gegen Feinde zu verteidigen.

Erst nach vielen, vielen Jahren haben sich die Bauern ihre Freiheit erkämpft. Aber dass Menschen auf andere Menschen Macht ausüben, sie unterdrücken und ausbeuten, das ist bis heute noch so.

Die Ritterkinder machten sich keine Gedanken darüber, ob das so richtig war, wie sich ihre Eltern und sie selbst verhielten. Genauso wenig haben wir uns darüber Gedanken gemacht, ob wir mit unserem Verhalten unserer Umwelt schaden oder gar andere Menschen in Not bringen.

So wie heute gab es Krankheiten, die sich wie Seuchen ausbreiteten. Ärzte gab es nicht. Doch manche Kräuterfrau wusste, wie sie Kräuter hilfreich anwenden konnte. Deshalb wurden die Kräuterfrauen auch von den Priestern gehasst und wegen ihrer ihnen unheimlich scheinenden Kräfte später sogar als Hexen verbrannt.

In den Burgen war es oft bitterkalt. Das Feuer in den Kaminen reichte kaum aus, es in der Kemenate warm zu machen. Damals haben die Menschen oft gefroren. Und so sauber wie heute, wenn wir eine alte Burg besuchen, war es damals bestimmt nicht. Die vielfältigen Gerüche, die uns heute unangenehm wären, machten ihnen nichts aus. Dafür kannten sie andere Gerüche nicht, unter denen wir heute leiden: Benzin, Abgase usw. Vor allem waren sie nicht wie

wir dem ständigen Lärm ausgesetzt. Es war still um sie her, wenn nicht der Wind heulte oder ein Kampf tobte. Sie ahnten nicht, dass wir uns heute nach Stille sehnen und viele Menschen vom Lärm krank werden.

Immer wieder gab es bittere Kriege und kleinere Kämpfe, in denen Menschen starben. Leicht war das Leben damals weder für die Erwachsenen noch für die Kinder.

Und doch haben die Menschen damals genauso gern gelebt wie wir heute. Sie haben sich gefreut und waren traurig. Die Ritterkinder haben davon geträumt, groß zu werden und wie die erwachsenen Ritter in Turnieren gegen andere zu kämpfen und siegreich viele Abenteuer zu bestehen. Sie waren genauso neugierig, wissbegierig und zu allerlei Streichen aufgelegt wie die Kinder von heute.

Davon erzählen diese Geschichten.

Rolf Krenzer

95

STURM
auf die große Ritterburg

Der Angriff auf die große Ritterburg ist in der heißesten Phase: gerade haben die roten Ritter mit dem Rammbock des Angriffsturms die Mauer durchschlagen, da geht ein Aufschrei durch die Menge der Verteidiger. Der feuerspeiende Drache hat sich aus seinem Verließ im Felsenturm befreit und stürzt sich grimmig auf die Angreifer...

http://www.playmobil.com

playmobil®